TRANZLATY

La Langue est pour tout le Monde

Язык для всех

L'appel de la forêt

Зов предков

Jack London

Français / Русский

Copyright © 2025 Tranzlaty
All rights reserved
Published by Tranzlaty
ISBN: 978-1-80572-838-2
Original text by Jack London
The Call of the Wild
First published in 1903
www.tranzlaty.com

Dans le primitif
В первобытный мир

Buck ne lisait pas les journaux
Бак не читал газет.

S'il avait lu les journaux, il aurait su que des problèmes se préparaient.
Если бы он читал газеты, он бы знал, что назревают неприятности.

Il y avait des problèmes non seulement pour lui-même, mais pour tous les chiens de la marée.
Беда была не только у него, но и у всех собак, живущих в приливной воде.

Tout chien musclé et aux poils longs et chauds allait avoir des ennuis.
Каждая собака с сильной мускулатурой и теплой длинной шерстью могла попасть в беду.

De Puget Bay à San Diego, aucun chien ne pouvait échapper à ce qui allait arriver.
От залива Пьюджет до Сан-Диего ни одна собака не могла избежать надвигающейся опасности.

Des hommes, tâtonnant dans l'obscurité de l'Arctique, avaient trouvé un métal jaune.
Люди, пробиравшиеся ощупью в арктической тьме, нашли желтый металл.

Les compagnies de navigation et de transport étaient à la recherche de cette découverte.
За открытием охотились пароходные и транспортные компании.

Des milliers d'hommes se précipitaient vers le Nord.
Тысячи людей устремились в Северную страну.

Ces hommes voulaient des chiens, et les chiens qu'ils voulaient étaient des chiens lourds.
Этим людям нужны были собаки, и собаки, которых они хотели, были тяжелыми.

Chiens dotés de muscles puissants pour travailler.
Собаки с сильными мышцами, способные трудиться.

Chiens avec des manteaux de fourrure pour les protéger du gel.

Собаки с пушистой шерстью, защищающей их от мороза.

Buck vivait dans une grande maison dans la vallée ensoleillée de Santa Clara.

Бак жил в большом доме в залитой солнцем долине Санта-Клара.

La maison du juge Miller s'appelait ainsi.

Местонахождение судьи Миллера, его дом назывался.

Sa maison se trouvait en retrait de la route, à moitié cachée parmi les arbres.

Его дом стоял в стороне от дороги, наполовину скрытый среди деревьев.

On pouvait apercevoir la large véranda qui courait autour de la maison.

Можно было увидеть широкую веранду, идущую вокруг дома.

On accédait à la maison par des allées gravillonnées.

К дому вели подъездные пути, посыпанные гравием.

Les sentiers serpentaient à travers de vastes pelouses.

Дорожки вились среди широких газонов.

Au-dessus de nos têtes se trouvaient les branches entrelacées de grands peupliers.

Над головой переплетались ветви высоких тополей.

À l'arrière de la maison, les choses étaient encore plus spacieuses.

В задней части дома дела обстояли еще просторнее.

Il y avait de grandes écuries, où une douzaine de palefreniers discutaient

Там были большие конюшни, где болтали дюжина конюхов.

Il y avait des rangées de maisons de serviteurs recouvertes de vigne

Там были ряды домиков слуг, увитых виноградной лозой.

Et il y avait une gamme infinie et ordonnée de toilettes extérieures

И там был бесконечный и упорядоченный ряд туалетов.

Longues tonnelles de vigne, pâturages verts, vergers et parcelles de baies.

Длинные виноградные беседки, зеленые пастбища, фруктовые сады и ягодные грядки.

Ensuite, il y avait l'usine de pompage du puits artésien.

Затем была насосная станция для артезианской скважины.

Et il y avait le grand réservoir en ciment rempli d'eau.

А еще там был большой цементный бак, наполненный водой.

C'est ici que les garçons du juge Miller ont fait leur plongeon matinal.

Здесь сыновья судьи Миллера совершили утреннее погружение.

Et ils se sont rafraîchis là-bas aussi dans l'après-midi chaud.

И они там же охлаждались в жаркий полдень.

Et sur ce grand domaine, Buck était celui qui régnait sur tout.

И всем этим огромным владением правил Бак.

Buck est né sur cette terre et y a vécu toutes ses quatre années.

Бак родился на этой земле и прожил здесь все четыре года своей жизни.

Il y avait bien d'autres chiens, mais ils n'avaient pas vraiment d'importance.

Конечно, были и другие собаки, но они не имели особого значения.

D'autres chiens étaient attendus dans un endroit aussi vaste que celui-ci.

В таком большом месте, как это, ожидалось присутствие и других собак.

Ces chiens allaient et venaient, ou vivaient à l'intérieur des chenils très fréquentés.

Эти собаки приходили и уходили или жили в оживленных питомниках.

Certains chiens vivaient cachés dans la maison, comme Toots et Ysabel.

Некоторые собаки жили в доме, прячась, как, например, Тутс и Изабель.

Toots était un carlin japonais, Ysabel un chien nu mexicain.

Тутс был японским мопсом, Изабель — мексиканской голой собакой.

Ces étranges créatures sortaient rarement de la maison.

Эти странные существа редко выходили из дома.

Ils n'ont pas touché le sol, ni respiré l'air libre à l'extérieur.

Они не касались земли и не нюхали воздух снаружи.

Il y avait aussi les fox-terriers, au moins une vingtaine.

Были еще фокстерьеры, числом не менее двадцати.

Ces terriers aboyaient férocement sur Toots et Ysabel à l'intérieur.

Эти терьеры яростно лаяли на Тутса и Изабель в помещении.

Toots et Ysabel sont restés derrière les fenêtres, à l'abri du danger.

Тутс и Изабель спрятались за окнами, в безопасности.

Ils étaient gardés par des domestiques munies de balais et de serpillères.

Их охраняли горничные с метлами и швабрами.

Mais Buck n'était pas un chien de maison, et il n'était pas non plus un chien de chenil.

Но Бак не был домашней собакой, но и не был собакой, живущей в вольере.

L'ensemble de la propriété appartenait à Buck comme son royaume légitime.

Вся собственность принадлежала Бак по праву.

Buck nageait dans le réservoir ou partait à la chasse avec les fils du juge.

Бэк плавал в резервуаре или ходил на охоту с сыновьями судьи.

Il marchait avec Mollie et Alice tôt ou tard le soir.

Он гулял с Молли и Элис рано утром или поздно вечером.

Lors des nuits froides, il s'allongeait devant le feu de la bibliothèque avec le juge.

Холодными ночами он лежал у камина в библиотеке вместе с судьей.

Buck a promené les petits-fils du juge sur son dos robuste.

Бак катал внуков судьи на своей сильной спине.

Il roula dans l'herbe avec les garçons, les surveillant de près.

Он катался по траве вместе с мальчиками, внимательно следя за ними.

Ils s'aventurèrent jusqu'à la fontaine et même au-delà des champs de baies.

Они дошли до фонтана и даже прошли мимо ягодных полей.

Parmi les fox terriers, Buck marchait toujours avec une fierté royale.

Среди фокстерьеров Бак всегда ходил с королевской гордостью.

Il ignora Toots et Ysabel, les traitant comme s'ils étaient de l'air.

Он игнорировал Тутса и Изабель, обращаясь с ними так, словно они были воздухом.

Buck régnait sur toutes les créatures vivantes sur les terres du juge Miller.

Бэк правил всеми живыми существами на земле судьи Миллера.

Il régnait sur les animaux, les insectes, les oiseaux et même les humains.

Он правил животными, насекомыми, птицами и даже людьми.

Le père de Buck, Elmo, était un énorme et fidèle Saint-Bernard.

Отец Бака, Элмо, был огромным и преданным сенбернаром.

Elmo n'a jamais quitté le juge et l'a servi fidèlement.

Элмо никогда не покидал судью и служил ему верой и правдой.

Buck semblait prêt à suivre le noble exemple de son père.

Бак, казалось, был готов последовать благородному примеру своего отца.

Buck n'était pas aussi gros, pesant cent quarante livres.

Бак был не таким уж большим, весил сто сорок фунтов.

Sa mère, Shep, était un excellent chien de berger écossais.

Его мать, Шеп, была прекрасной шотландской овчаркой.

Mais même avec ce poids, Buck marchait avec une présence royale.

Но даже при таком весе Бак шел с королевской осанкой.

Cela venait de la bonne nourriture et du respect qu'il recevait toujours.

Это было достигнуто благодаря хорошей еде и уважению, которое он всегда получал.

Pendant quatre ans, Buck a vécu comme un noble gâté.

Четыре года Бак жил как избалованный дворянин.

Il était fier de lui, et même légèrement égoïste.

Он был горд собой и даже немного эгоистичен.

Ce genre de fierté était courant chez les seigneurs des régions reculées.

Подобная гордость была обычным явлением среди лордов отдаленных деревень.

Mais Buck s'est sauvé de devenir un chien de maison choyé.

Но Бак спас себя от превращения в избалованную домашнюю собаку.

Il est resté mince et fort grâce à la chasse et à l'exercice.

Он оставался стройным и сильным благодаря охоте и физическим упражнениям.

Il aimait profondément l'eau, comme les gens qui se baignent dans les lacs froids.

Он очень любил воду, как люди, купающиеся в холодных озерах.

Cet amour pour l'eau a gardé Buck fort et en très bonne santé.

Эта любовь к воде помогла Бак оставаться сильным и очень здоровым.

C'était le chien que Buck était devenu à l'automne 1897.

Именно такой собакой стал Бак осенью 1897 года.

Lorsque la découverte du Klondike a attiré des hommes vers le Nord gelé.

Когда забастовка на Клондайке затянула людей на холодный Север.

Des gens du monde entier se sont précipités vers ce pays froid.

Люди со всего мира устремились в эти холодные края.

Buck, cependant, ne lisait pas les journaux et ne comprenait pas les nouvelles.

Однако Бак не читал газет и не понимал новостей.

Il ne savait pas que Manuel était un homme désagréable à fréquenter.

Он не знал, что Мануэль был плохим человеком.

Manuel, qui aidait au jardin, avait un problème grave.

У Мануэля, помогавшего в саду, была серьезная проблема.

Manuel était accro aux jeux de loterie chinois.

Мануэль пристрастился к азартным играм в китайской лотерее.

Il croyait également fermement en un système fixe pour gagner.

Он также твердо верил в фиксированную систему победы.

Cette croyance rendait son échec certain et inévitable.

Эта вера сделала его неудачу неизбежной и неизбежной.

Jouer un système exige de l'argent, ce qui manquait à Manuel.

Игра по системе требует денег, которых у Мануэля не было.

Son salaire suffisait à peine à subvenir aux besoins de sa femme et de ses nombreux enfants.

Его зарплаты едва хватало на содержание жены и многочисленных детей.

La nuit où Manuel a trahi Buck, les choses étaient normales.

В ту ночь, когда Мануэль предал Бака, все было нормально.

Le juge était présent à une réunion de l'Association des producteurs de raisins secs.

Судья находился на собрании Ассоциации производителей изюма.

Les fils du juge étaient alors occupés à former un club d'athlétisme.

Сыновья судьи в то время были заняты созданием спортивного клуба.

Personne n'a vu Manuel et Buck sortir par le verger.

Никто не видел, как Мануэль и Бак уходили через сад.

Buck pensait que cette promenade n'était qu'une simple promenade nocturne.

Бак думал, что эта прогулка — просто ночная прогулка.

Ils n'ont rencontré qu'un seul homme à la station du drapeau, à College Park.

На флагманской станции в Колледж-Парке они встретили только одного мужчину.

Cet homme a parlé à Manuel et ils ont échangé de l'argent.

Этот человек поговорил с Мануэлем, и они обменялись деньгами.

« Emballez les marchandises avant de les livrer », a-t-il suggéré.

«Упакуйте товар перед доставкой», — посоветовал он.

La voix de l'homme était rauque et impatiente lorsqu'il parlait.

Голос мужчины был грубым и нетерпеливым.

Manuel a soigneusement attaché une corde épaisse autour du cou de Buck.

Мануэль осторожно обвязал шею Бака толстой веревкой.

« Tournez la corde et vous l'étoufferez abondamment »

«Скрути веревку, и ты его сильно задушишь»

L'étranger émit un grognement, montrant qu'il comprenait bien.

Незнакомец хмыкнул, показывая, что он все понял.

Buck a accepté la corde avec calme et dignité tranquille ce jour-là.

В тот день Бак принял верёвку со спокойным и тихим достоинством.

C'était un acte inhabituel, mais Buck faisait confiance aux hommes qu'il connaissait.

Это был необычный поступок, но Бак доверял людям, которых знал.

Il croyait que leur sagesse allait bien au-delà de sa propre pensée.

Он считал, что их мудрость намного превосходит его собственные мысли.

Mais ensuite la corde fut remise entre les mains de l'étranger.

Но затем веревка попала в руки незнакомца.

Buck émit un grognement sourd qui avertissait avec une menace silencieuse.

Бак издал низкий рык, в котором звучала тихая угроза.

Il était fier et autoritaire, et voulait montrer son mécontentement.

Он был горд и властен и хотел выразить свое недовольство.

Buck pensait que son avertissement serait compris comme un ordre.

Бак считал, что его предупреждение будет воспринято как приказ.

À sa grande surprise, la corde se resserra rapidement autour de son cou épais.

К его удивлению, веревка быстро затянулась вокруг его толстой шеи.

Son air fut coupé et il commença à se battre dans une rage soudaine.

Ему перекрыли доступ воздуха, и он начал драться в припадке внезапной ярости.

Il s'est jeté sur l'homme, qui a rapidement rencontré Buck en plein vol.

Он прыгнул на человека, который тут же столкнулся с Баком в воздухе.

L'homme attrapa Buck par la gorge et le fit habilement tourner dans les airs.

Мужчина схватил Бака за горло и ловко повернул его в воздухе.

Buck a été violemment projeté au sol, atterrissant à plat sur le dos.

Бака сильно швырнуло на землю, и он упал на спину.

La corde l'étranglait alors cruellement tandis qu'il donnait des coups de pied sauvages.

Веревка теперь жестоко душила его, пока он яростно брыкался.

Sa langue tomba, sa poitrine se souleva, mais il ne reprit pas son souffle.

Язык его вывалился, грудь вздымалась, но дыхания не было.

Il n'avait jamais été traité avec une telle violence de sa vie.

Никогда в жизни с ним не обращались с таким насилием.

Il n'avait jamais été rempli d'une fureur aussi profonde auparavant.

Никогда еще он не испытывал такой глубокой ярости.

Mais le pouvoir de Buck s'est estompé et ses yeux sont devenus vitreux.

Но сила Бака угасла, а его глаза остекленели.

Il s'est évanoui juste au moment où un train s'arrêtait à proximité.

Он потерял сознание как раз в тот момент, когда неподалеку остановился поезд.

Les deux hommes le jetèrent alors rapidement dans le fourgon à bagages.

Затем двое мужчин быстро закинули его в багажный вагон.

La chose suivante que Buck ressentit fut une douleur dans sa langue enflée.

Следующее, что почувствовал Бак, была боль в распухшем языке.

Il se déplaçait dans un chariot tremblant, à peine conscient.

Он двигался в трясущейся повозке, находясь лишь в смутном сознании.

Le cri aigu d'un sifflet de train indiqua à Buck où il se trouvait.

Резкий свисток поезда подсказал Бак его местонахождение.

Il avait souvent roulé avec le juge et connaissait ce sentiment.

Он часто ездил с судьей и знал это чувство.

C'était le choc unique de voyager à nouveau dans un fourgon à bagages.

Это было уникальное ощущение — снова ехать в багажном вагоне.

Buck ouvrit les yeux et son regard brûla de rage.

Бак открыл глаза, и взгляд его горел яростью.

C'était la colère d'un roi fier déchu de son trône.

Это был гнев гордого царя, свергнутого с трона.

Un homme a tenté de l'attraper, mais Buck a frappé en premier.

Какой-то мужчина потянулся, чтобы схватить его, но Бак вместо этого нанес удар первым.

Il enfonça ses dents dans la main de l'homme et la serra fermement.

Он впился зубами в руку мужчины и крепко сжал ее.

Il ne l'a pas lâché jusqu'à ce qu'il s'évanouisse une deuxième fois.

Он не отпускал меня, пока не потерял сознание во второй раз.

« Ouais, il a des crises », murmura l'homme au bagagiste.

«Да, у него припадки», — пробормотал мужчина носильщику багажа.

Le bagagiste avait entendu la lutte et s'était approché.

Носильщик багажа услышал шум борьбы и подошел ближе.

« Je l'emmène à Frisco pour le patron », a expliqué l'homme.

«Я везу его во Фриско к боссу», — объяснил мужчина.

« Il y a un excellent vétérinaire qui dit pouvoir les guérir. »

«Там есть замечательный собачий доктор, который говорит, что может их вылечить».

Plus tard dans la soirée, l'homme a donné son propre récit complet.

Позже тем же вечером мужчина дал свой полный отчет.

Il parlait depuis un hangar derrière un saloon sur les quais.

Он говорил из сарая за салуном в доках.

« Tout ce qu'on m'a donné, c'était cinquante dollars », se plaignit-il au vendeur du saloon.

«Мне дали всего пятьдесят долларов», — пожаловался он хозяину салуна.

« Je ne le referais pas, même pour mille dollars en espèces. »

«Я бы не сделал этого снова, даже за тысячу наличными».

Sa main droite était étroitement enveloppée dans un tissu ensanglanté.

Его правая рука была туго обмотана окровавленной тканью.

Son pantalon était déchiré du genou au pied.

Его штанина была разорвана от колена до ступни.

« Combien a été payé l'autre idiot ? » demanda le vendeur du saloon.

«Сколько же заплатили тому, другому парню?» — спросил хозяин салуна.

« Cent », répondit l'homme, « il n'accepterait pas un centime de moins. »

«Сто», — ответил мужчина, — «он не возьмет ни цента меньше».

« Cela fait cent cinquante », dit le vendeur du saloon.

«Итого получается сто пятьдесят», — сказал хозяин салуна.

« Et il vaut tout ça, sinon je ne suis pas meilleur qu'un imbécile. »

«И он стоит всего этого, иначе я не лучше болвана».

L'homme ouvrit les emballages pour examiner sa main.

Мужчина развернул обертку, чтобы осмотреть свою руку.

La main était gravement déchirée et couverte de sang séché.

Рука была сильно порвана и покрыта коркой засохшей крови.

« Si je n'ai pas l' hydrophobie… » commença-t-il à dire.

«Если я не заболею водобоязнью…», — начал он.

« Ce sera parce que tu es né pour être pendu », dit-il en riant.

«Это потому, что ты рожден, чтобы быть повешенным», — раздался смех.

« Viens m'aider avant de partir », lui a-t-on demandé.

«Помоги мне, прежде чем ты уйдешь», — попросили его.

Buck était dans un état second à cause de la douleur dans sa langue et sa gorge.

Бак был в оцепенении от боли в языке и горле.

Il était à moitié étranglé et pouvait à peine se tenir debout.

Он был полузадушен и едва мог стоять на ногах.

Pourtant, Buck essayait de faire face aux hommes qui l'avaient blessé ainsi.

И все же Бак попытался встретиться с людьми, которые причинили ему столько боли.

Mais ils le jetèrent à terre et l'étranglèrent une fois de plus.

Но они бросили его на землю и снова стали душить.

Ce n'est qu'à ce moment-là qu'ils ont pu scier son lourd collier de laiton.

Только после этого они смогли снять с него тяжелый латунный ошейник.

Ils ont retiré la corde et l'ont poussé dans une caisse.

Они сняли веревку и затолкали его в ящик.

La caisse était petite et avait la forme d'une cage en fer brut.

Ящик был небольшим и по форме напоминал грубую железную клетку.

Buck resta allongé là toute la nuit, rempli de colère et d'orgueil blessé.

Бак пролежал там всю ночь, полный гнева и уязвленной гордости.

Il ne pouvait pas commencer à comprendre ce qui lui arrivait.

Он не мог понять, что с ним происходит.

Pourquoi ces hommes étranges le gardaient-ils dans cette petite caisse ?

Почему эти странные люди держали его в этом маленьком ящике?

Que voulaient-ils de lui et pourquoi cette cruelle captivité ?

Что они хотели от него и почему он оказался в таком жестоком плену?

Il ressentait une pression sombre, un sentiment de catastrophe qui se rapprochait.

Он чувствовал темное давление, предчувствие приближающейся катастрофы.

C'était une peur vague, mais elle pesait lourdement sur son esprit.

Это был смутный страх, но он глубоко засел в его душе.

Il a sursauté à plusieurs reprises lorsque la porte du hangar a claqué.

Несколько раз он вскакивал, когда грохотала дверь сарая.

Il s'attendait à ce que le juge ou les garçons apparaissent et le sauvent.

Он ожидал, что судья или мальчики появятся и спасут его.

Mais à chaque fois, seul le gros visage du tenancier de bar apparaissait à l'intérieur.

Но каждый раз внутрь заглядывало только толстое лицо хозяина питейного заведения.

Le visage de l'homme était éclairé par la faible lueur d'une bougie de suif.

Лицо мужчины освещал тусклый свет сальной свечи.

À chaque fois, l'aboiement joyeux de Buck se transformait en un grognement bas et colérique.

Каждый раз радостный лай Бака сменялся тихим, сердитым рычанием.

Le tenancier du saloon l'a laissé seul pour la nuit dans la caisse

Хозяин салуна оставил его одного на ночь в ящике.

Mais quand il se réveilla le matin, d'autres hommes arrivèrent.

Но когда он проснулся утром, людей стало еще больше.

Quatre hommes sont venus et ont ramassé la caisse avec précaution, sans un mot.

Подошли четверо мужчин и осторожно подняли ящик, не сказав ни слова.

Buck comprit immédiatement dans quelle situation il se trouvait.

Бак сразу понял, в какой ситуации он оказался.

Ils étaient d'autres bourreaux qu'il devait combattre et craindre.

Они были новыми мучителями, с которыми ему приходилось бороться и которых он боялся.

Ces hommes avaient l'air méchants, en haillons et très mal soignés.

Эти люди выглядели злыми, оборванными и очень неухоженными.

Buck grogna et se jeta férocement sur eux à travers les barreaux.

Бак зарычал и яростно бросился на них через прутья решетки.

Ils se sont contentés de rire et de le frapper avec de longs bâtons en bois.

Они просто смеялись и тыкали в него длинными деревянными палками.

Buck a mordu les bâtons, puis s'est rendu compte que c'était ce qu'ils aimaient.

Бак откусил палочки, а потом понял, что им это нравится.

Il s'allongea donc tranquillement, maussade et brûlant d'une rage silencieuse.

Поэтому он тихо лег, угрюмый и горящий тихой яростью.

Ils ont soulevé la caisse dans un chariot et sont partis avec lui.

Они погрузили ящик в повозку и увезли его.

La caisse, avec Buck enfermé à l'intérieur, changeait souvent de mains.

Ящик, в котором был заперт Бак, часто переходил из рук в руки.

Les employés du bureau express ont pris les choses en main et l'ont traité brièvement.

Сотрудники офиса экспресс-доставки взяли его под контроль и быстро с ним разобрались.

Puis un autre chariot transporta Buck à travers la ville bruyante.

Затем другая повозка провезла Бака через шумный город.

Un camion l'a emmené avec des cartons et des colis sur un ferry.

Грузовик отвез его с коробками и посылками на паром.

Après la traversée, le camion l'a déchargé dans un dépôt ferroviaire.

После переправы грузовик выгрузил его на железнодорожной станции.

Finalement, Buck fut placé dans une voiture express en attente.

Наконец Бака поместили в ожидавший его экспресс-вагон.

Pendant deux jours et deux nuits, les trains ont emporté la voiture express.

Двое суток поезда тащили экспресс-вагон.

Buck n'a ni mangé ni bu pendant tout le douloureux voyage.

Бак не ел и не пил во время всего мучительного путешествия.

Lorsque les messagers express ont essayé de l'approcher, il a grogné.

Когда курьеры попытались приблизиться к нему, он зарычал.

Ils ont réagi en se moquant de lui et en le taquinant cruellement.

В ответ они стали издеваться и жестоко дразнить его.

Buck se jeta sur les barreaux, écumant et tremblant

Бак бросился на прутья, весь в пене и трясясь.

ils ont ri bruyamment et l'ont raillé comme des brutes de cour d'école.

они громко смеялись и издевались над ним, как школьные хулиганы.

Ils aboyaient comme de faux chiens et battaient des bras.

Они лаяли, как ненастоящие собаки, и хлопали руками.

Ils ont même chanté comme des coqs juste pour le contrarier davantage.

Они даже кричали как петухи, чтобы еще больше его расстроить.

C'était un comportement stupide, et Buck savait que c'était ridicule.

Это было глупое поведение, и Бак знал, что оно нелепо.

Mais cela n'a fait qu'approfondir son sentiment d'indignation et de honte.

Но это лишь усилило его чувство возмущения и стыда.

Il n'a pas été trop dérangé par la faim pendant le voyage.

Во время путешествия голод его не сильно беспокоил.

Mais la soif provoquait une douleur aiguë et une souffrance insupportable.

Но жажда принесла острую боль и невыносимые страдания.

Sa gorge sèche et enflammée et sa langue brûlaient de chaleur.

Его сухое, воспаленное горло и язык горели от жара.

Cette douleur alimentait la fièvre qui montait dans son corps fier.

Эта боль подпитывала жар, поднимавшийся в его гордом теле.

Buck était reconnaissant pour une seule chose au cours de ce procès.

Бак был благодарен за одну единственную вещь во время этого судебного разбирательства.

La corde avait été retirée de son cou épais.

Веревка была снята с его толстой шеи.

La corde avait donné à ces hommes un avantage injuste et cruel.

Веревка дала этим людям несправедливое и жестокое преимущество.

Maintenant, la corde avait disparu et Buck jura qu'elle ne reviendrait jamais.

Теперь веревка исчезла, и Бак поклялся, что она больше никогда не вернется.

Il a décidé qu'aucune corde ne passerait plus jamais autour de son cou.

Он решил, что больше никогда веревка не обмотается вокруг его шеи.

Pendant deux longs jours et deux longues nuits, il souffrit sans nourriture.

Два долгих дня и две ночи он страдал без еды.

Et pendant ces heures, il a développé une énorme rage en lui.

И за эти часы внутри него накопилась огромная ярость.

Ses yeux sont devenus injectés de sang et sauvages à cause d'une colère constante.

Его глаза налились кровью и стали дикими от постоянного гнева.

Il n'était plus Buck, mais un démon aux mâchoires claquantes.

Это был уже не Бак, а демон с щелкающими челюстями.

Même le juge n'aurait pas reconnu cette créature folle.

Даже судья не узнал бы это безумное существо.

Les messagers express ont soupiré de soulagement lorsqu'ils ont atteint Seattle

Курьеры вздохнули с облегчением, когда добрались до Сиэтла.

Quatre hommes ont soulevé la caisse et l'ont amenée dans une cour arrière.

Четверо мужчин подняли ящик и вынесли его на задний двор.

La cour était petite, entourée de murs hauts et solides.

Двор был небольшой, окруженный высокими и прочными стенами.

Un grand homme sortit, vêtu d'un pull rouge affaissé.

Из дома вышел крупный мужчина в обвисшей красной рубашке-свитере.

Il a signé le carnet de livraison d'une écriture épaisse et audacieuse.

Он расписался в книге поставок толстым и смелым почерком.

Buck sentit immédiatement que cet homme était son prochain bourreau.

Бак сразу почувствовал, что этот человек — его следующий мучитель.

Il se jeta violemment sur les barreaux, les yeux rouges de fureur.

Он яростно бросился на прутья, его глаза покраснели от ярости.

L'homme sourit simplement sombrement et alla chercher une hachette.

Мужчина лишь мрачно улыбнулся и пошел за топором.

Il portait également une massue dans sa main droite épaisse et forte.

В своей толстой и сильной правой руке он также держал дубинку.

« Tu vas le sortir maintenant ? » demanda le chauffeur, inquiet.

«Вы собираетесь его вывезти?» — обеспокоенно спросил водитель.

« Bien sûr », dit l'homme en enfonçant la hachette dans la caisse comme levier.

«Конечно», — сказал мужчина, втыкая топор в ящик как рычаг.

Les quatre hommes se dispersèrent instantanément et sautèrent sur le mur de la cour.

Четверо мужчин мгновенно разбежались и вскочили на стену двора.

Depuis leurs endroits sûrs, ils attendaient d'assister au spectacle.

Из своих безопасных мест наверху они ждали, чтобы понаблюдать за зрелищем.

Buck se jeta sur le bois éclaté, le mordant et le secouant violemment.

Бэк бросился на расколотое дерево, яростно кусая его и тряся.

Chaque fois que la hachette touchait la cage, Buck était là pour l'attaquer.

Каждый раз, когда топор ударялся о клетку, Бак был рядом и нападал на него.

Il grogna et claqua des dents avec une rage folle, impatient d'être libéré.

Он рычал и кричал от дикой ярости, жаждая освобождения.

L'homme dehors était calme et stable, concentré sur sa tâche.
Человек снаружи был спокоен и уравновешен, сосредоточенный на своей задаче.

« Bon, alors, espèce de diable aux yeux rouges », dit-il lorsque le trou fut grand.
«Ну ладно, черт с красными глазами», — сказал он, когда дыра стала большой.

Il laissa tomber la hachette et prit le gourdin dans sa main droite.
Он бросил топор и взял дубинку в правую руку.

Buck ressemblait vraiment à un diable ; les yeux injectés de sang et flamboyants.
Бак действительно был похож на дьявола: глаза налились кровью и сверкали.

Son pelage se hérissait, de la mousse s'échappait de sa bouche, ses yeux brillaient.
Его шерсть встала дыбом, изо рта шла пена, глаза блестели.

Il rassembla ses muscles et se jeta directement sur le pull rouge.
Он напряг мышцы и прыгнул прямо на красный свитер.

Cent quarante livres de fureur s'abattèrent sur l'homme calme.
Сто сорок фунтов ярости обрушились на спокойного человека.

Juste avant que ses mâchoires ne se referment, un coup terrible le frappa.
Прежде чем его челюсти сомкнулись, его поразил страшный удар.

Ses dents claquèrent l'une contre l'autre, rien d'autre que l'air
Его зубы щелкали, не слыша ничего, кроме воздуха.

une secousse de douleur résonna dans son corps
боль пронзила его тело

Il a fait un saut périlleux en plein vol et s'est écrasé sur le dos et sur le côté.
Он перевернулся в воздухе и рухнул на спину и бок.

Il n'avait jamais ressenti auparavant le coup d'un gourdin et ne pouvait pas le saisir.

Он никогда раньше не чувствовал удара дубинки и не мог его удержать.

Avec un grognement strident, mi-aboiement, mi-cri, il bondit à nouveau.

С пронзительным рычанием, наполовину лаем, наполовину воплем, он снова прыгнул.

Un autre coup brutal le frappa et le projeta au sol.

Еще один жестокий удар поразил его и швырнул на землю.

Cette fois, Buck comprit : c'était la lourde massue de l'homme.

На этот раз Бак понял — это была тяжелая дубинка мужчины.

Mais la rage l'aveuglait, et il n'avait aucune idée de retraite.

Но ярость ослепила его, и он не думал отступать.

Douze fois il s'est lancé et douze fois il est tombé.

Двенадцать раз он подпрыгивал и двенадцать раз падал.

Le gourdin en bois le frappait à chaque fois avec une force impitoyable et écrasante.

Деревянная дубинка каждый раз наносила ему удары с беспощадной, сокрушительной силой.

Après un coup violent, il se releva en titubant, étourdi et lent.

После одного сильного удара он медленно и шатко поднялся на ноги.

Du sang coulait de sa bouche, de son nez et même de ses oreilles.

Кровь текла у него изо рта, носа и даже ушей.

Son pelage autrefois magnifique était maculé de mousse sanglante.

Его некогда красивая шерсть была заляпана кровавой пеной.

Alors l'homme s'est avancé et a donné un coup violent au nez.

Затем мужчина подошел и нанес сильный удар по носу.

L'agonie était plus vive que tout ce que Buck avait jamais ressenti.

Мучения были сильнее, чем когда-либо испытывал Бак.

Avec un rugissement plus bête que chien, il bondit à nouveau pour attaquer.

С рыком, большс похожим на зверя, чем на собаку, он снова прыгнул, чтобы атаковать.

Mais l'homme attrapa sa mâchoire inférieure et la tourna vers l'arrière.

Но мужчина схватил его за нижнюю челюсть и вывернул ее назад.

Buck fit un saut périlleux et s'écrasa à nouveau violemment.

Бак перевернулся и снова сильно рухнул.

Une dernière fois, Buck se précipita sur lui, maintenant à peine capable de se tenir debout.

Бак бросился на него в последний раз, теперь едва держась на ногах.

L'homme a frappé avec un timing expert, délivrant le coup final.

Мужчина нанес последний удар, рассчитав момент.

Buck s'est effondré, inconscient et immobile.

Бак рухнул на землю, потеряв сознание и не двигаясь.

« Il n'est pas mauvais pour dresser les chiens, c'est ce que je dis », a crié un homme.

«Он не промах в дрессировке собак, вот что я скажу», — крикнул мужчина.

« Druther peut briser la volonté d'un chien n'importe quel jour de la semaine. »

«Друтер может сломить волю гончей в любой день недели».

« Et deux fois un dimanche ! » a ajouté le chauffeur.

«И дважды в воскресенье!» — добавил водитель.

Il monta dans le chariot et fit claquer les rênes pour partir.

Он забрался в повозку и щелкнул вожжами, чтобы уехать.

Buck a lentement repris le contrôle de sa conscience

Бак медленно восстановил контроль над своим сознанием.

mais son corps était encore trop faible et brisé pour bouger.

но его тело было все еще слишком слабым и сломанным, чтобы двигаться.

Il resta allongé là où il était tombé, regardant l'homme au pull rouge.

Он лежал там, где упал, и смотрел на человека в красном свитере.

« Il répond au nom de Buck », dit l'homme en lisant à haute voix.

«Он откликается на имя Бак», — сказал мужчина, читая вслух.

Il a cité la note envoyée avec la caisse de Buck et les détails.

Он процитировал записку, отправленную вместе с ящиком Бака, и подробности.

« Eh bien, Buck, mon garçon », continua l'homme d'un ton amical,

«Ну, Бак, мой мальчик», — продолжил мужчина дружелюбным тоном,

« Nous avons eu notre petite dispute, et maintenant c'est fini entre nous. »

«Мы немного повздорили, и теперь между нами все кончено».

« Tu as appris à connaître ta place, et j'ai appris à connaître la mienne », a-t-il ajouté.

«Ты узнал свое место, а я узнал свое», — добавил он.

« Sois sage, tout ira bien et la vie sera agréable. »

«Будьте добры, и все будет хорошо, и жизнь будет приятной».

« Mais sois méchant, et je te botterai les fesses, compris ? »

«Но будешь плохо себя вести, и я из тебя выбью всю дурь, понял?»

Tandis qu'il parlait, il tendit la main et tapota la tête douloureuse de Buck.

Говоря это, он протянул руку и погладил Бака по больной голове.

Les cheveux de Buck se dressèrent au contact de l'homme, mais il ne résista pas.

Волосы Бака встали дыбом от прикосновения мужчины, но он не сопротивлялся.

L'homme lui apporta de l'eau, que Buck but à grandes gorgées.

Мужчина принес ему воды, которую Бак выпил большими глотками.

Puis vint la viande crue, que Buck dévora morceau par morceau.

Затем пришло сырое мясо, которое Бак поглощал кусок за куском.

Il savait qu'il était battu, mais il savait aussi qu'il n'était pas brisé.

Он знал, что его побили, но он также знал, что он не сломлен.

Il n'avait aucune chance contre un homme armé d'une matraque.

У него не было шансов против человека, вооруженного дубинкой.

Il avait appris la vérité et il n'a jamais oublié cette leçon.

Он усвоил истину и никогда не забывал этот урок.

Cette arme était le début de la loi dans le nouveau monde de Buck.

Это оружие стало началом закона в новом мире Бака.

C'était le début d'un ordre dur et primitif qu'il ne pouvait nier.

Это было начало сурового, примитивного порядка, который он не мог отрицать.

Il accepta la vérité ; ses instincts sauvages étaient désormais éveillés.

Он принял правду; теперь его дикие инстинкты пробудились.

Le monde était devenu plus dur, mais Buck l'a affronté avec courage.

Мир стал суровее, но Бак мужественно встретил это.

Il a affronté la vie avec une prudence, une ruse et une force tranquille nouvelles.

Он встретил жизнь с новой осторожностью, хитростью и тихой силой.

D'autres chiens sont arrivés, attachés dans des cordes ou des caisses comme Buck l'avait été.

Прибыли новые собаки, привязанные веревками или в клетках, как и Бак.

Certains chiens sont venus calmement, d'autres ont fait rage et se sont battus comme des bêtes sauvages.

Некоторые собаки шли спокойно, другие бушевали и дрались, как дикие звери.

Ils furent tous soumis au règne de l'homme au pull rouge.

Все они попали под власть человека в красном свитере.

À chaque fois, Buck regardait et voyait la même leçon se dérouler.

Каждый раз Бак наблюдал и видел, как разворачивается один и тот же урок.

L'homme avec la massue était la loi, un maître à obéir.

Человек с дубинкой был законом, хозяином, которому следовало подчиняться.

Il n'avait pas besoin d'être aimé, mais il fallait qu'on lui obéisse.

Ему не нужно было, чтобы его любили, но ему нужно было подчиняться.

Buck ne s'est jamais montré flatteur ni n'a remué la queue comme le faisaient les chiens plus faibles.

Бэк никогда не лебезил и не вилял хвостом, как более слабые собаки.

Il a vu des chiens qui avaient été battus et qui continuaient à lécher la main de l'homme.

Он видел собак, которых избивали, но они продолжали лизать руку мужчины.

Il a vu un chien qui refusait d'obéir ou de se soumettre du tout.

Он увидел одну собаку, которая вообще не слушалась и не подчинялась.

Ce chien s'est battu jusqu'à ce qu'il soit tué dans la bataille pour le contrôle.

Этот пёс сражался до тех пор, пока не был убит в битве за контроль.

Des étrangers venaient parfois voir l'homme au pull rouge.

Иногда к человеку в красном свитере приходили незнакомцы.

Ils parlaient sur un ton étrange, suppliant, marchandant et riant.

Они говорили странными голосами, умоляя, торгуясь и смеясь.

Lors de l'échange d'argent, ils partaient avec un ou plusieurs chiens.

После обмена денег они уходили с одной или несколькими собаками.

Buck se demandait où étaient passés ces chiens, car aucun n'était jamais revenu.

Бак задавался вопросом, куда делись эти собаки, ведь ни одна из них не вернулась.

la peur de l'inconnu envahissait Buck chaque fois qu'un homme étrange venait

Страх перед неизвестностью наполнял Бака каждый раз, когда приходил незнакомый человек.

il était content à chaque fois qu'un autre chien était pris, plutôt que lui-même.

он был рад каждый раз, когда забирали другую собаку, а не его самого.

Mais finalement, le tour de Buck arriva avec l'arrivée d'un homme étrange.

Но наконец настала очередь Бака с появлением странного человека.

Il était petit, nerveux, parlait un anglais approximatif et jurait.

Он был невысокого роста, жилистый, говорил на ломаном английском и ругался.

« Sacré-Dam ! » hurla-t-il en posant les yeux sur le corps de Buck.

«Святое святых!» — закричал он, увидев тело Бака.

**« C'est un sacré chien tyrannique ! Hein ? Combien ? »
demanda-t-il à voix haute.**

«Вот это чертовски хулиганская собака! А? Сколько?» —
спросил он вслух.

« Trois cents, et c'est un cadeau à ce prix-là. »

«Триста, и за такую цену он просто подарок»,

**« Puisque c'est de l'argent du gouvernement, tu ne devrais
pas te plaindre, Perrault. »**

«Поскольку это государственные деньги, ты не должен
жаловаться, Перро».

**Perrault sourit à l'idée de l'accord qu'il venait de conclure
avec cet homme.**

Перро ухмыльнулся, увидев сделку, которую он только что
заключил с этим человеком.

**Le prix des chiens a grimpé en flèche en raison de la
demande soudaine.**

Цены на собак резко выросли из-за внезапного спроса.

**Trois cents dollars, ce n'était pas injuste pour une si belle
bête.**

Триста долларов — это не так уж и несправедливо за такое
прекрасное животное.

Le gouvernement canadien ne perdrait rien dans cet accord

Канадское правительство ничего не потеряет в этой
сделке.

**Leurs dépêches officielles ne seraient pas non plus retardées
en transit.**

Их официальные донесения также не будут задерживаться
в пути.

**Perrault connaissait bien les chiens et pouvait voir que Buck
était quelque chose de rare.**

Перро хорошо знал собак и понимал, что Бак — нечто
необычное.

**« Un sur dix dix mille », pensa-t-il en étudiant la silhouette
de Buck.**

«Один из десяти десятков тысяч», — подумал он, изучая
телосложение Бака.

Buck a vu l'argent changer de mains, mais n'a montré aucune surprise.

Бак видел, как деньги перешли из рук в руки, но не выказал никакого удивления.

Bientôt, lui et Curly, un gentil Terre-Neuve, furent emmenés.

Вскоре его и Керли, доброго ньюфаундленда, увели.

Ils suivirent le petit homme depuis la cour du pull rouge.

Они последовали за маленьким человечком от двора, где стоял красный свитер.

Ce fut la dernière fois que Buck vit l'homme avec la massue en bois.

Это был последний раз, когда Бак видел человека с деревянной дубинкой.

Depuis le pont du Narval, il regardait Seattle disparaître au loin.

С палубы «Нарвала» он наблюдал, как Сиэтл исчезает вдали.

C'était aussi la dernière fois qu'il voyait le chaud Southland.

Это был также последний раз, когда он видел теплый Юг.

Perrault les emmena sous le pont et les laissa à François.

Перро отвел их на нижнюю палубу и оставил с Франсуа.

François était un géant au visage noir, aux mains rugueuses et calleuses.

Франсуа был чернолицым великаном с грубыми, мозолистыми руками.

Il était brun et basané; un métis franco-canadien.

Он был смуглый и смуглый, полукровка франко-канадского происхождения.

Pour Buck, ces hommes étaient d'un genre qu'il n'avait jamais vu auparavant.

Для Бака эти люди были людьми, которых он никогда раньше не видел.

Il allait connaître beaucoup d'autres hommes de ce genre dans les jours qui suivirent.

В будущем ему предстоит познакомиться со многими такими людьми.

Il ne s'est pas attaché à eux, mais il a appris à les respecter.

Он не полюбил их, но стал уважать.

Ils étaient justes et sages, et ne se laissaient pas facilement tromper par un chien.

Они были справедливы и мудры, и ни одна собака не могла их обмануть.

Ils jugeaient les chiens avec calme et ne les punissaient que lorsqu'ils le méritaient.

Они судили собак спокойно и наказывали только тогда, когда это было заслуженно.

Sur le pont inférieur du Narwhal, Buck et Curly ont rencontré deux chiens.

На нижней палубе «Нарвала» Бак и Кёрли встретили двух собак.

L'un d'eux était un grand chien blanc venu du lointain et glacial Spitzberg.

Одним из них была большая белая собака с далекого ледяного Шпицбергена.

Il avait autrefois navigué avec un baleinier et rejoint un groupe d'enquête.

Однажды он плавал на китобойном судне и присоединился к исследовательской группе.

Il était amical d'une manière sournoise, sournoise et rusée.

Он был дружелюбен, но хитрым, коварным и коварным.

Lors de leur premier repas, il a volé un morceau de viande dans la poêle de Buck.

Во время их первой трапезы он украл кусок мяса из сковороды Бака.

Buck sauta pour le punir, mais le fouet de François frappa en premier.

Бэк прыгнул, чтобы наказать его, но хлыст Франсуа ударил первым.

Le voleur blanc hurla et Buck récupéra l'os volé.

Белый вор взвизгнул, и Бак забрал украденную кость.

Cette équité impressionna Buck, et François gagna son respect.

Такая справедливость произвела впечатление на Бэка, и Франсуа заслужил его уважение.

L'autre chien ne lui a pas adressé de salut et n'en a pas voulu en retour.

Другая собака не поздоровалась и не хотела ничего в ответ.

Il ne volait pas de nourriture et ne reniflait pas les nouveaux arrivants avec intérêt.

Он не крал еду и не обнюхивал с интересом вновь прибывших.

Ce chien était sinistre et calme, sombre et lent.

Эта собака была мрачной и молчаливой, угрюмой и медлительной.

Il a averti Curly de rester à l'écart en la regardant simplement.

Он предупредил Кёрли держаться подальше, просто пристально посмотрев на нее.

Son message était clair : laissez-moi tranquille ou il y aura des problèmes.

Его послание было ясным: оставьте меня в покое, иначе будут проблемы.

Il s'appelait Dave et il remarquait à peine son environnement.

Его звали Дэйв, и он почти не замечал окружающего мира.

Il dormait souvent, mangeait tranquillement et bâillait de temps en temps.

Он часто спал, тихо ел и время от времени зевал.

Le navire ronronnait constamment avec le battement de l'hélice en dessous.

Корабль непрерывно гудел из-за работающего внизу винта.

Les jours passèrent sans grand changement, mais le temps devint plus froid.

Дни проходили без особых изменений, но погода становилась холоднее.

Buck pouvait le sentir dans ses os et remarqua que les autres le faisaient aussi.

Бак чувствовал это всем своим существом и заметил, что остальные тоже.

Puis un matin, l'hélice s'est arrêtée et tout est redevenu calme.

И вот однажды утром пропеллер остановился, и все стихло.

Une énergie parcourut le vaisseau ; quelque chose avait changé.

По кораблю пронеслась энергия; что-то изменилось.

François est descendu, les a attachés en laisse et les a remontés.

Франсуа спустился вниз, пристегнул их поводками и поднял наверх.

Buck sortit et trouva le sol doux, blanc et froid.

Бак вышел и обнаружил, что земля мягкая, белая и холодная.

Il sursauta en arrière, alarmé, et renifla, totalement confus.

Он встревоженно отскочил назад и фыркнул в полном замешательстве.

Une étrange substance blanche tombait du ciel gris.

С серого неба падала какая-то странная белая субстанция.

Il se secoua, mais les flocons blancs continuaient à atterrir sur lui.

Он встряхнулся, но белые хлопья продолжали падать на него.

Il renifla soigneusement la substance blanche et lécha quelques morceaux glacés.

Он осторожно понюхал белую субстанцию и лизнул несколько ледяных кусочков.

La poudre brûla comme du feu, puis disparut de sa langue.

Порошок обжегся, как огонь, а затем тут же исчез с его языка.

Buck essaya à nouveau, intrigué par l'étrange froideur qui disparaissait.

Бак попробовал еще раз, озадаченный странным исчезновением холода.

Les hommes autour de lui rirent et Buck se sentit gêné.

Мужчины вокруг него рассмеялись, и Бак стало неловко.

Il ne savait pas pourquoi, mais il avait honte de sa réaction.

Он не знал почему, но ему было стыдно за свою реакцию.

C'était sa première expérience avec la neige, et cela le dérouta.

Это был его первый опыт со снегом, и он его смутил.

La loi du gourdin et des crocs
Закон дубинки и клыка

Le premier jour de Buck sur la plage de Dyea ressemblait à un terrible cauchemar.

Первый день Бака на пляже Дайя показался ему ужасным кошмаром.

Chaque heure apportait de nouveaux chocs et des changements inattendus pour Buck.

Каждый час приносил Бак новые потрясения и неожиданные перемены.

Il avait été arraché à la civilisation et jeté dans un chaos sauvage.

Его вырвали из цивилизации и бросили в дикий хаос.

Ce n'était pas une vie ensoleillée et paresseuse, faite d'ennui et de repos.

Это не была солнечная, ленивая жизнь со скукой и отдыхом.

Il n'y avait pas de paix, pas de repos, et pas un instant sans danger.

Не было ни мира, ни покоя, ни минуты без опасности.

La confusion régnait sur tout et le danger était toujours proche.

Всем царила неразбериха, и опасность всегда была рядом.

Buck devait rester vigilant car ces hommes et ces chiens étaient différents.

Баку приходилось быть начеку, потому что эти люди и собаки были другими.

Ils n'étaient pas originaires des villes ; ils étaient sauvages et sans pitié.

Они были не из городов; они были дикими и беспощадными.

Ces hommes et ces chiens ne connaissaient que la loi du gourdin et des crocs.

Эти люди и собаки знали только закон дубинки и клыка.

Buck n'avait jamais vu de chiens se battre comme ces huskies sauvages.

Бак никогда не видел, чтобы собаки дерутся так, как эти свирепые хаски.

Sa première expérience lui a appris une leçon qu'il n'oublierait jamais.

Его первый опыт преподал ему урок, который он никогда не забудет.

Il a eu de la chance que ce ne soit pas lui, sinon il serait mort aussi.

Ему повезло, что это был не он, иначе он тоже погиб бы.

Curly était celui qui souffrait tandis que Buck regardait et apprenait.

Кёрли страдал, а Бак наблюдал и учился.

Ils avaient installé leur campement près d'un magasin construit en rondins.

Они разбили лагерь возле склада, построенного из бревен.

Curly a essayé d'être amical avec un grand husky ressemblant à un loup.

Кёрли пытался подружиться с большой, похожей на волка хаски.

Le husky était plus petit que Curly, mais avait l'air sauvage et méchant.

Хаски был меньше Кёрли, но выглядел диким и злым.

Sans prévenir, il a sauté et lui a ouvert le visage.

Без предупреждения он подпрыгнул и рассек ей лицо.

Ses dents lui coupèrent l'œil jusqu'à sa mâchoire en un seul mouvement.

Одним движением его зубы пронзили ее от глаза до челюсти.

C'est ainsi que les loups se battaient : ils frappaient vite et sautaient loin.

Так сражаются волки — быстро бьют и отскакивают.

Mais il y avait plus à apprendre que de cette seule attaque.

Но из этого одного нападения можно было извлечь больше уроков.

Des dizaines de huskies se sont précipités et ont formé un cercle silencieux.

Десятки хаски прибежали и молча образовали круг.

Ils regardaient attentivement et se léchaient les lèvres avec faim.

Они внимательно наблюдали и облизывались от голода.

Buck ne comprenait pas leur silence ni leurs regards avides.

Бак не понимал их молчания и их восторженных глаз.

Curly s'est précipité pour attaquer le husky une deuxième fois.

Кёрли бросился нападать на хаски во второй раз.

Il a utilisé sa poitrine pour la renverser avec un mouvement puissant.

Он использовал свою грудь, чтобы сбить ее с ног сильным ударом.

Elle est tombée sur le côté et n'a pas pu se relever.

Она упала на бок и не смогла подняться.

C'est ce que les autres attendaient depuis le début.

Именно этого все остальные ждали все это время.

Les huskies ont sauté sur elle, hurlant et grognant avec frénésie.

Хаски набросились на нее, визжа и рыча в ярости.

Elle a crié alors qu'ils l'enterraient sous un tas de chiens.

Она кричала, когда ее похоронили под кучей собак.

L'attaque fut si rapide que Buck resta figé sur place sous le choc.

Атака была настолько быстрой, что Бак застыл на месте от шока.

Il vit Spitz tirer la langue d'une manière qui ressemblait à un rire.

Он увидел, как Шпиц высунул язык, словно пытаясь рассмеяться.

François a attrapé une hache et a couru droit vers le groupe de chiens.

Франсуа схватил топор и побежал прямо в стаю собак.

Trois autres hommes ont utilisé des gourdins pour aider à repousser les huskies.

Еще трое мужчин использовали дубинки, чтобы отогнать хаски.

En seulement deux minutes, le combat était terminé et les chiens avaient disparu.

Всего через две минуты драка закончилась, и собаки исчезли.

Curly gisait morte dans la neige rouge et piétinée, son corps déchiré.

Кёрли лежала мертвая на красном, растоптанном снегу, ее тело было разорвано на части.

Un homme à la peau sombre se tenait au-dessus d'elle, maudissant la scène brutale.

Над ней стоял темнокожий мужчина, проклиная жестокую сцену.

Le souvenir est resté avec Buck et a hanté ses rêves la nuit.

Воспоминания остались с Баком и преследовали его по ночам.

C'était comme ça ici : pas d'équité, pas de seconde chance.

Так было и здесь: никакой справедливости, никакого второго шанса.

Une fois qu'un chien tombait, les autres le tuaient sans pitié.

Как только собака падала, остальные убивали ее без пощады.

Buck décida alors qu'il ne se permettrait jamais de tomber.

Тогда Бак решил, что никогда не позволит себе упасть.

Spitz tira à nouveau la langue et rit du sang.

Шпиц снова высунул язык и рассмеялся, глядя на кровь.

À partir de ce moment-là, Buck détesta Spitz de tout son cœur.

С этого момента Бак возненавидел Шпица всем сердцем.

Avant que Buck ne puisse se remettre de la mort de Curly, quelque chose de nouveau s'est produit.

Прежде чем Бак успел оправиться от смерти Кёрли, произошло нечто новое.

François s'est approché et a attaché quelque chose autour du corps de Buck.

Франсуа подошел и что-то обвязал вокруг тела Бака.

C'était un harnais comme ceux utilisés sur les chevaux du ranch.

Это была упряжь, похожая на ту, что использовали на лошадях на ранчо.

Comme Buck avait vu les chevaux travailler, il devait maintenant travailler aussi.

Поскольку Бак видел, как работают лошади, теперь его тоже заставляли работать.

Il a dû tirer François sur un traîneau dans la forêt voisine.

Ему пришлось тащить Франсуа на санях в близлежащий лес.

Il a ensuite dû ramener une lourde charge de bois de chauffage.

Затем ему пришлось тащить обратно тяжелую вязанку дров.

Buck était fier, donc cela lui faisait mal d'être traité comme un animal de travail.

Бак был гордым, поэтому ему было больно, когда с ним обращались как с рабочим скотом.

Mais il était sage et n'a pas essayé de lutter contre la nouvelle situation.

Но он поступил мудро и не стал бороться с новой ситуацией.

Il a accepté sa nouvelle vie et a donné le meilleur de lui-même dans chaque tâche.

Он принял новую жизнь и выкладывался по полной в каждой задаче.

Tout ce qui concernait ce travail lui était étrange et inconnu.

Все в этой работе было для него странным и незнакомым.

François était strict et exigeait l'obéissance sans délai.

Франсуа был строг и требовал безотлагательного повиновения.

Son fouet garantissait que chaque ordre soit exécuté immédiatement.

Его кнут следил за тем, чтобы каждая команда выполнялась немедленно.

Dave était le conducteur du traîneau, le chien le plus proche du traîneau derrière Buck.

Дэйв был упряжным, собака сидела ближе всего к саням позади Бака.

Dave mordait Buck sur les pattes arrière s'il faisait une erreur.

Дэйв кусал Бака за задние ноги, если тот совершал ошибку.

Spitz était le chien de tête, compétent et expérimenté dans ce rôle.

Шпиц был ведущей собакой, опытной и умелой в этой роли.

Spitz ne pouvait pas atteindre Buck facilement, mais il le corrigea quand même.

Шпицу было нелегко дотянуться до Бака, но он все равно поправил его.

Il grognait durement ou tirait le traîneau d'une manière qui enseignait à Buck.

Он резко рычал и тянул сани способами, которые научили Бэка.

Grâce à cette formation, Buck a appris plus vite que ce qu'ils avaient imaginé.

Благодаря такому обучению Бак учился быстрее, чем кто-либо из них ожидал.

Il a travaillé dur et a appris de François et des autres chiens.

Он много работал и учился у Франсуа и других собак.

À leur retour, Buck connaissait déjà les commandes clés.

К тому времени, как они вернулись, Бак уже знал основные команды.

Il a appris à s'arrêter au son « ho » de François.

Он научился останавливаться, услышав «хо» от Франсуа.

Il a appris quand il a dû tirer le traîneau et courir.

Он понял, когда нужно тянуть санки и бежать.

Il a appris à tourner largement dans les virages du sentier sans difficulté.

Он научился без труда делать широкие повороты на поворотах тропы.

Il a également appris à éviter Dave lorsque le traîneau descendait rapidement.

Он также научился избегать Дэйва, когда сани быстро катились под гору.

« Ce sont de très bons chiens », dit fièrement François à Perrault.

«Они очень хорошие собаки», — с гордостью сказал Франсуа Перро.

« Ce Buck tire comme un dingue, je lui apprends vite fait. »

«Этот Бак тянет как черт — я учу его быстро, как никто другой».

Plus tard dans la journée, Perrault est revenu avec deux autres chiens husky.

Позже в тот же день Перро вернулся еще с двумя хаски.

Ils s'appelaient Billee et Joe, et ils étaient frères.

Их звали Билли и Джо, и они были братьями.

Ils venaient de la même mère, mais ne se ressemblaient pas du tout.

Они произошли от одной матери, но были совсем не похожи.

Billee était de nature douce et très amicale avec tout le monde.

Билли был добродушным и слишком дружелюбным со всеми.

Joe était tout le contraire : calme, en colère et toujours en train de grogner.

Джо был полной противоположностью — тихий, злой и вечно рычащий.

Buck les a accueillis de manière amicale et s'est montré calme avec eux deux.

Бак поприветствовал их дружелюбно и был с ними спокоен.

Dave ne leur prêta aucune attention et resta silencieux comme d'habitude.

Дэйв не обратил на них внимания и, как обычно, молчал.

Spitz a attaqué d'abord Billee, puis Joe, pour montrer sa domination.

Спиц атаковал сначала Билли, а затем Джо, чтобы показать свое превосходство.

Billee remua la queue et essaya d'être amical avec Spitz.

Билли виляла хвостом и пыталась подружиться со Шпицем.

Lorsque cela n'a pas fonctionné, il a essayé de s'enfuir à la place.

Когда это не сработало, он попытался убежать.

Il a pleuré tristement lorsque Spitz l'a mordu fort sur le côté.

Он грустно плакал, когда Шпиц сильно укусил его в бок.

Mais Joe était très différent et refusait d'être intimidé.

Но Джо был совсем другим и не желал подвергаться издевательствам.

Chaque fois que Spitz s'approchait, Joe se retournait pour lui faire face rapidement.

Каждый раз, когда Шпиц приближался, Джо быстро поворачивался к нему лицом.

Sa fourrure se hérissa, ses lèvres se retroussèrent et ses dents claquèrent sauvagement.

Его шерсть встала дыбом, губы скривились, а зубы дико щелкнул.

Les yeux de Joe brillaient de peur et de rage, défiant Spitz de frapper.

Глаза Джо блестели от страха и ярости, призывая Шпица нанести удар.

Spitz abandonna le combat et se détourna, humilié et en colère.

Шпиц сдался и отвернулся, униженный и разгневанный.

Il a déversé sa frustration sur le pauvre Billee et l'a chassé.

Он выместил свое раздражение на бедном Билли и прогнал его.

Ce soir-là, Perrault ajouta un chien de plus à l'équipe.

В тот же вечер Перро добавил к команде еще одну собаку.

Ce chien était vieux, maigre et couvert de cicatrices de guerre.

Эта собака была старой, худой и покрытой боевыми шрамами.

L'un de ses yeux manquait, mais l'autre brillait de puissance.

Один его глаз отсутствовал, но другой светился силой.

Le nom du nouveau chien était Solleks, ce qui signifiait « celui qui est en colère ».

Новую собаку назвали Соллекс, что означало «Злой».

Comme Dave, Solleks ne demandait rien aux autres et ne donnait rien en retour.

Как и Дэйв, Соллекс ничего не просил у других и ничего не давал взамен.

Lorsque Solleks entra lentement dans le camp, même Spitz resta à l'écart.

Когда Соллекс медленно вошел в лагерь, даже Шпиц остался в стороне.

Il avait une étrange habitude que Buck a eu la malchance de découvrir.

У него была странная привычка, которую Бак, к сожалению, удалось обнаружить.

Solleks détestait qu'on l'approche du côté où il était aveugle.

Соллекс ненавидел, когда к нему подходили с той стороны, где он был слеп.

Buck ne le savait pas et a fait cette erreur par accident.

Бак этого не знал и совершил эту ошибку случайно.

Solleks se retourna et frappa l'épaule de Buck profondément et rapidement.

Соллекс развернулся и нанес быстрый и глубокий удар по плечу Бака.

À partir de ce moment, Buck ne s'est plus jamais approché du côté aveugle de Solleks.

С этого момента Бак больше не подходил к Соллексу слишком близко.

Ils n'ont plus jamais eu de problèmes pendant le reste de leur temps ensemble.

За все оставшееся время, что они провели вместе, у них больше не возникало никаких проблем.

Solleks voulait seulement être laissé seul, comme le calme Dave.

Соллекс хотел только, чтобы его оставили в покое, как тихого Дэйва.

Mais Buck apprendra plus tard qu'ils avaient chacun un autre objectif secret.

Но позже Бак узнал, что у каждого из них была еще одна тайная цель.

Cette nuit-là, Buck a dû faire face à un nouveau défi troublant : comment dormir.

В ту ночь перед Бак встала новая и тревожная проблема — как уснуть.

La tente brillait chaleureusement à la lumière des bougies dans le champ enneigé.

Палатка ярко светилась от свечей на заснеженном поле.

Buck entra, pensant qu'il pourrait se reposer là comme avant.

Бак вошел внутрь, думая, что сможет отдохнуть там, как и прежде.

Mais Perrault et François lui criaient dessus et lui jetaient des casseroles.

Но Перро и Франсуа кричали на него и бросали кастрюли.

Choqué et confus, Buck s'est enfui dans le froid glacial.

Потрясенный и растерянный, Бак выбежал на леденящий холод.

Un vent glacial piquait son épaule blessée et lui gelait les pattes.

Резкий ветер обжигал его раненое плечо и обмораживал лапы.

Il s'est allongé dans la neige et a essayé de dormir à la belle étoile.

Он лег в снег и попытался заснуть на открытом воздухе.

Mais le froid l'obligea bientôt à se relever, tremblant terriblement.

Но холод вскоре заставил его снова встать, сильно дрожа.

Il erra dans le camp, essayant de trouver un endroit plus chaud.

Он бродил по лагерю, пытаясь найти более теплое место.

Mais chaque coin était aussi froid que le précédent.

Но каждый угол был таким же холодным, как и предыдущий.

Parfois, des chiens sauvages sautaient sur lui dans l'obscurité.

Иногда из темноты на него нападали дикие собаки.

Buck hérissa sa fourrure, montra ses dents et grogna en signe d'avertissement.

Бэк встал дыбом, оскалил зубы и предостерегающе зарычал.

Il apprenait vite et les autres chiens reculaient rapidement.

Он быстро учился, и другие собаки быстро отступили.

Il n'avait toujours pas d'endroit où dormir et ne savait pas quoi faire.

Но у него все равно не было места для сна, и он понятия не имел, что делать.

Finalement, une pensée lui vint : aller voir ses coéquipiers.

Наконец ему в голову пришла мысль — проверить своих товарищей по команде.

Il est retourné dans leur région et a été surpris de les trouver partis.

Он вернулся в их район и с удивлением обнаружил, что они исчезли.

Il chercha à nouveau dans le camp, mais ne parvint toujours pas à les trouver.

Он снова обыскал лагерь, но так и не смог их найти.

Il savait qu'ils ne pouvaient pas être dans la tente, sinon il le serait aussi.

Он знал, что им нельзя находиться в палатке, иначе там окажется и он.

Alors, où étaient passés tous les chiens dans ce camp gelé ?

Так куда же делись все собаки в этом замерзшем лагере?

Buck, froid et misérable, tournait lentement autour de la tente.

Бак, замерзший и несчастный, медленно обошел палатку.

Soudain, ses pattes avant s'enfoncèrent dans la neige molle et le surprit.

Внезапно его передние ноги погрузились в мягкий снег, и он вздрогнул.

Quelque chose se tortilla sous ses pieds et il sursauta en arrière, effrayé.

Что-то шевельнулось у него под ногами, и он в страхе отскочил назад.

Il grogna et grogna, ne sachant pas ce qui se cachait sous la neige.

Он рычал и рычал, не зная, что находится под снегом.

Puis il entendit un petit aboiement amical qui apaisa sa peur.

Затем он услышал дружелюбный лай, который развеял его страх.

Il renifla l'air et s'approcha pour voir ce qui était caché.

Он понюхал воздух и подошел поближе, чтобы разглядеть то, что спрятано.

Sous la neige, recroquevillée en boule chaude, se trouvait la petite Billee.

Под снегом, свернувшись в теплый клубок, лежала маленькая Билли.

Billee remua la queue et lécha le visage de Buck pour le saluer.

Билли вилял хвостом и лизнул лицо Бэка в знак приветствия.

Buck a vu comment Billee avait fabriqué un endroit pour dormir dans la neige.

Бак увидел, как Билли устроил себе спальное место в снегу.

Il avait creusé et utilisé sa propre chaleur pour rester au chaud.

Он выкопал яму и согрелся собственным теплом.

Buck avait appris une autre leçon : c'est ainsi que les chiens dormaient.

Бак усвоил еще один урок — именно так спят собаки.

Il a choisi un endroit et a commencé à creuser son propre trou dans la neige.

Он выбрал место и начал копать себе яму в снегу.

Au début, il bougeait trop et gaspillait de l'énergie.

Поначалу он слишком много двигался и тратил энергию впустую.

Mais bientôt son corps réchauffa l'espace et il se sentit en sécurité.

Но вскоре его тело согрело пространство, и он почувствовал себя в безопасности.

Il se recroquevilla étroitement et, peu de temps après, il s'endormit profondément.

Он крепко свернулся калачиком и вскоре крепко заснул.

La journée avait été longue et dure, et Buck était épuisé.

День был долгим и трудным, и Бак был измотан.

Il dormait profondément et confortablement, même si ses rêves étaient fous.

Он спал глубоко и спокойно, хотя его сны были дикими.

Il grognait et aboyait dans son sommeil, se tordant pendant qu'il rêvait.

Он рычал и лаял во сне, извиваясь во сне.

Buck ne s'est réveillé que lorsque le camp était déjà en train de prendre vie.

Бак проснулся только тогда, когда лагерь уже начал оживать.

Au début, il ne savait pas où il était ni ce qui s'était passé.

Сначала он не понял, где находится и что случилось.

La neige était tombée pendant la nuit et avait complètement enseveli son corps.

Ночью выпал снег и полностью покрыл его тело.

La neige se pressait autour de lui, serrée de tous côtés.

Снег плотно облепил его со всех сторон.

Soudain, une vague de peur traversa tout le corps de Buck.

Внезапно волна страха охватила все тело Бака.

C'était la peur d'être piégé, une peur venue d'instincts profonds.

Это был страх оказаться в ловушке, страх, идущий от глубинных инстинктов.

Bien qu'il n'ait jamais vu de piège, la peur vivait en lui.

Хотя он никогда не видел ловушек, страх жил внутри него.

C'était un chien apprivoisé, mais maintenant ses vieux instincts sauvages se réveillaient.

Он был ручным псом, но теперь в нем пробудились старые дикие инстинкты.

Les muscles de Buck se tendirent et sa fourrure se dressa sur tout son dos.

Мышцы Бака напряглись, а шерсть на спине встала дыбом.

Il grogna férocement et bondit droit dans la neige.

Он яростно зарычал и прыгнул прямо сквозь снег.

La neige volait dans toutes les directions alors qu'il faisait irruption dans la lumière du jour.

Когда он вырвался на свет, снег разлетелся во все стороны.

Avant même d'atterrir, Buck vit le camp s'étendre devant lui.

Еще до высадки Бак увидел раскинувшийся перед ним лагерь.

Il se souvenait de tout ce qui s'était passé la veille, d'un seul coup.

Он сразу вспомнил все, что произошло вчера.

Il se souvenait d'avoir flâné avec Manuel et d'avoir fini à cet endroit.

Он вспомнил, как прогуливался с Мануэлем и оказался в этом месте.

Il se souvenait avoir creusé le trou et s'être endormi dans le froid.

Он вспомнил, как копал яму и уснул на холоде.

Maintenant, il était réveillé et le monde sauvage qui l'entourait était clair.

Теперь он проснулся, и дикий мир вокруг него был ясен.

Un cri de François salua l'apparition soudaine de Buck.

Франсуа криком приветствовал внезапное появление Бака.

« Qu'est-ce que j'ai dit ? » cria le conducteur du chien à Perrault.

«Что я сказал?» — громко крикнул погонщик Перро.

« Ce Buck apprend vraiment très vite », a ajouté François.

«Этот Бак, безусловно, быстро учится», — добавил Франсуа.

Perrault hocha gravement la tête, visiblement satisfait du résultat.

Перро серьезно кивнул, явно довольный результатом.

En tant que courrier pour le gouvernement canadien, il transportait des dépêches.

Будучи курьером канадского правительства, он доставлял депеши.

Il était impatient de trouver les meilleurs chiens pour son importante mission.

Он стремился найти лучших собак для своей важной миссии.

Il se sentait particulièrement heureux maintenant que Buck faisait partie de l'équipe.

Теперь он был особенно рад, что Бак стал частью команды.

Trois autres huskies ont été ajoutés à l'équipe en une heure.

В течение часа к команде присоединились еще три хаски.

Cela porte le nombre total de chiens dans l'équipe à neuf.

Таким образом, общее число собак в команде достигло девяти.

En quinze minutes, tous les chiens étaient dans leurs harnais.

Через пятнадцать минут все собаки были в шлейках.

L'équipe de traîneaux remontait le sentier en direction du canyon de Dyea.

Упряжка саней двигалась по тропе к каньону Дайя.

Buck était heureux de partir, même si le travail à venir était difficile.

Бак был рад уезжать, даже если работа предстояла трудная.

Il s'est rendu compte qu'il ne détestait pas particulièrement le travail ou le froid.

Он обнаружил, что не испытывает особого отвращения ни к труду, ни к холоду.

Il a été surpris par l'empressement qui a rempli toute l'équipe.

Он был удивлен энтузиазмом, охватившим всю команду.

Encore plus surprenant fut le changement qui s'était produit chez Dave et Solleks.

Еще более удивительной была перемена, произошедшая с Дэйвом и Соллексом.

Ces deux chiens étaient complètement différents lorsqu'ils étaient attelés.

Эти две собаки были совершенно разными, когда их запрягали.

Leur passivité et leur manque d'intérêt avaient complètement disparu.

Их пассивность и безразличие полностью исчезли.

Ils étaient alertes et actifs, et désireux de bien faire leur travail.

Они были бдительны и активны и стремились хорошо выполнять свою работу.

Ils s'irritaient violemment à tout ce qui pouvait provoquer un retard ou une confusion.

Их сильно раздражало все, что вызывало задержку или путаницу.

Le travail acharné sur les rênes était le centre de tout leur être.

Тяжелая работа с вожжами была смыслом всего их существования.

Tirer un traîneau semblait être la seule chose qu'ils appréciaient vraiment.

Похоже, единственным занятием, которое им по-настоящему нравилось, было катание на санях.

Dave était à l'arrière du groupe, le plus proche du traîneau lui-même.

Дэйв шел в конце группы, ближе всего к саням.

Buck a été placé devant Dave, et Solleks a dépassé Buck.

Бака поставили перед Дэйвом, а Соллекс вырвался вперед Бака.

Le reste des chiens était aligné devant eux en file indienne.

Остальные собаки выстроились впереди в одну шеренгу.

La position de tête à l'avant était occupée par Spitz.

Лидирующую позицию впереди занял Шпиц.

Buck avait été placé entre Dave et Solleks pour l'instruction.

Бака поместили между Дэйвом и Соллексом для обучения.

Il apprenait vite et ils étaient des professeurs fermes et compétents.

Он быстро учился, а учителя были строгими и способными.

Ils n'ont jamais permis à Buck de rester longtemps dans l'erreur.

Они никогда не позволяли Бак долго пребывать в заблуждении.

Ils ont enseigné leurs leçons avec des dents acérées quand c'était nécessaire.

При необходимости они преподавали уроки, используя острые зубы.

Dave était juste et faisait preuve d'une sagesse calme et sérieuse.

Дэйв был справедлив и демонстрировал спокойную, серьезную мудрость.

Il n'a jamais mordu Buck sans une bonne raison de le faire.

Он никогда не кусал Бэка без веской причины.

Mais il n'a jamais manqué de mordre lorsque Buck avait besoin d'être corrigé.

Но он никогда не упускал случая укусить Бак, когда тот нуждался в поправке.

Le fouet de François était toujours prêt et soutenait leur autorité.

Кнут Франсуа всегда был наготове и подкреплял их авторитет.

Buck a vite compris qu'il valait mieux obéir que riposter.

Бак вскоре понял, что лучше подчиниться, чем сопротивляться.

Un jour, lors d'un court repos, Buck s'est emmêlé dans les rênes.

Однажды во время короткого отдыха Бак запутался в поводьях.

Il a retardé le départ et a perturbé le mouvement de l'équipe.

Он задержал старт и запутал движение команды.

Dave et Solleks se sont jetés sur lui et lui ont donné une raclée.

Дэйв и Соллекс набросились на него и жестоко избили.

L'enchevêtrement n'a fait qu'empirer, mais Buck a bien appris sa leçon.

Ситуация только ухудшилась, но Бак хорошо усвоил урок.

Dès lors, il garda les rênes tendues et travailla avec soin.

С тех пор он держал вожжи натянутыми и работал осторожно.

Avant la fin de la journée, Buck avait maîtrisé une grande partie de sa tâche.

До конца дня Бак справился со большей частью своей задачи.

Ses coéquipiers ont presque arrêté de le corriger ou de le mordre.

Его товарищи по команде почти перестали поправлять или кусать его.

Le fouet de François claquait de moins en moins souvent dans l'air.

Кнут Франсуа все реже и реже рассекал воздух.

Perrault a même soulevé les pieds de Buck et a soigneusement examiné chaque patte.

Перро даже поднял ноги Бака и внимательно осмотрел каждую лапу.

Cela avait été une journée de course difficile, longue et épuisante pour eux tous.

Это был тяжелый дневной забег, долгий и изнурительный для всех.

Ils remontèrent le Cañon, traversèrent Sheep Camp et passèrent devant les Scales.

Они прошли вверх по Каньону, через Овечий лагерь и мимо Скейлса.

Ils ont traversé la limite des forêts, puis des glaciers et des congères de plusieurs mètres de profondeur.

Они пересекли границу леса, затем ледники и сугробы глубиной во много футов.

Ils ont escaladé la grande et froide chaîne de montagnes Chilkoot Divide.

Они поднялись на великий холодный и неприступный перевал Чилкут.

Cette haute crête se dressait entre l'eau salée et l'intérieur gelé.

Этот высокий хребет находился между соленой водой и замерзшей внутренней частью.

Les montagnes protégeaient le Nord triste et solitaire avec de la glace et des montées abruptes.

Горы охраняли печальный и одинокий Север льдами и крутыми подъемами.

Ils ont parcouru à bon rythme une longue chaîne de lacs en aval de la ligne de partage des eaux.

Они успешно прошли по длинной цепи озер ниже водораздела.

Ces lacs remplissaient les anciens cratères de volcans éteints.

Эти озера заполнили древние кратеры потухших вулканов.

Tard dans la nuit, ils atteignirent un grand camp au bord du lac Bennett.

Поздно ночью они достигли большого лагеря на озере Беннетт.

Des milliers de chercheurs d'or étaient là, construisant des bateaux pour le printemps.

Там были тысячи золотоискателей, которые строили лодки к весне.

La glace allait bientôt se briser et ils devaient être prêts.

Лед скоро должен был тронуться, и им нужно было быть готовыми.

Buck creusa son trou dans la neige et tomba dans un profond sommeil.

Бэк вырыл себе яму в снегу и крепко заснул.

Il dormait comme un ouvrier, épuisé par une dure journée de travail.

Он спал, как рабочий, изнуренный тяжелым трудовым днем.

Mais trop tôt dans l'obscurité, il fut tiré de son sommeil.

Но слишком рано в темноте его вытащили из сна.

Il fut à nouveau attelé avec ses compagnons et attaché au traîneau.

Его снова запрягли вместе с товарищами и прикрепили к саням.

Ce jour-là, ils ont parcouru quarante milles, car la neige était bien battue.

В тот день они прошли сорок миль, так как снег был хорошо утоптан.

Le lendemain, et pendant plusieurs jours après, la neige était molle.

На следующий день и в течение многих последующих дней снег был мягким.

Ils ont dû faire le chemin eux-mêmes, en travaillant plus dur et en avançant plus lentement.

Им пришлось прокладывать путь самим, работая усерднее и двигаясь медленнее.

Habituellement, Perrault marchait devant l'équipe avec des raquettes palmées.

Обычно Перро шел впереди команды в перепончатых снегоступах.

Ses pas ont compacté la neige, facilitant ainsi le déplacement du traîneau.

Его шаги утрамбовали снег, и саням стало легче двигаться.

François, qui dirigeait depuis le mât, prenait parfois le relais.

Франсуа, управлявший рулем с помощью рулевой колонки, иногда брал управление на себя.

Mais il était rare que François prenne les devants

Но Франсуа редко брал на себя инициативу.

parce que Perrault était pressé de livrer les lettres et les colis.

потому что Перро торопился доставить письма и посылки.

Perrault était fier de sa connaissance de la neige, et surtout de la glace.

Перро гордился своими знаниями о снеге и особенно о льде.

Cette connaissance était essentielle, car la glace d'automne était dangereusement mince.

Эти знания были необходимы, поскольку осенний лед был опасно тонким.

Là où l'eau coulait rapidement sous la surface, il n'y avait pas du tout de glace.

Там, где вода текла быстро под поверхностью, льда не было вообще.

Jour après jour, la même routine se répétait sans fin.

День за днем одна и та же рутина повторялась без конца.

Buck travaillait sans relâche sur les rênes, de l'aube jusqu'à la nuit.

Бэк неустанно трудился вожжами с рассвета до ночи.

Ils quittèrent le camp dans l'obscurité, bien avant le lever du soleil.

Они покинули лагерь в темноте, задолго до восхода солнца.

Au moment où le jour se leva, ils avaient déjà parcouru de nombreux kilomètres.

К тому времени, как наступил рассвет, они уже прошли много миль.

Ils ont installé leur campement après la tombée de la nuit, mangeant du poisson et creusant dans la neige.

Они разбили лагерь после наступления темноты, питались рыбой и зарывались в снег.

Buck avait toujours faim et n'était jamais vraiment satisfait de sa ration.

Бак всегда был голоден и никогда не был по-настоящему удовлетворен своим пайком.

Il recevait une livre et demie de saumon séché chaque jour.

Каждый день он получал полтора фунта сушеного лосося.

Mais la nourriture semblait disparaître en lui, laissant la faim derrière elle.

Но еда словно исчезла внутри него, оставив голод.

Il souffrait constamment de la faim et rêvait de plus de nourriture.

Он страдал от постоянных мук голода и мечтал о большем количестве еды.

Les autres chiens n'ont pris qu'une livre, mais ils sont restés forts.

Остальные собаки получили всего один фунт еды, но они остались сильными.

Ils étaient plus petits et étaient nés dans le mode de vie du Nord.

Они были меньше ростом и родились в северных условиях.

Il perdit rapidement la méticulosité qui avait marqué son ancienne vie.

Он быстро утратил привередливость, которая была свойственна его прежней жизни.

Il avait été un mangeur délicat, mais maintenant ce n'était plus possible.

Раньше он был привередливым едоком, но теперь это стало невозможно.

Ses camarades ont terminé premiers et lui ont volé sa ration inachevée.

Его товарищи закончили первыми и отобрали у него недоеденный паек.

Une fois qu'ils ont commencé, il n'y avait aucun moyen de défendre sa nourriture contre eux.

Как только они появились, защитить от них еду стало невозможно.

Pendant qu'il combattait deux ou trois chiens, les autres volaient le reste.

Пока он отбивался от двух-трех собак, остальные украли остальных.

Pour résoudre ce problème, il a commencé à manger aussi vite que les autres.

Чтобы исправить это, он начал есть так же быстро, как и остальные.

La faim le poussait tellement qu'il prenait même de la nourriture qui n'était pas la sienne.

Голод довел его до того, что он даже принял чужую пищу.

Il observait les autres et apprenait rapidement de leurs actions.

Он наблюдал за другими и быстро учился на их действиях.

Il a vu Pike, un nouveau chien, voler une tranche de bacon à Perrault.

Он увидел, как Пайк, новая собака, украла у Перро кусок бекона.

Pike avait attendu que Perrault ait le dos tourné pour voler le bacon.

Пайк дождался, пока Перро отвернется, чтобы украсть бекон.

Le lendemain, Buck a copié Pike et a volé tout le morceau.

На следующий день Бак скопировал Пайка и украл весь кусок.

Un grand tumulte s'ensuivit, mais Buck ne fut pas suspecté.

Поднялся большой шум, но Бака никто не заподозрил.

Dub, un chien maladroit qui se faisait toujours prendre, a été puni à la place.

Вместо этого наказали Даба, неуклюжего пса, которого всегда ловили.

Ce premier vol a fait de Buck un chien apte à survivre dans le Nord.

Эта первая кража показала, что Бак — собака, способная выжить на Севере.

Il a montré qu'il pouvait s'adapter à de nouvelles conditions et apprendre rapidement.

Он показал, что может адаптироваться к новым условиям и быстро учиться.

Sans une telle adaptabilité, il serait mort rapidement et gravement.

Без такой способности к адаптации он бы быстро и мучительно умер.

Cela a également marqué l'effondrement de sa nature morale et de ses valeurs passées.

Это также означало крах его моральных устоев и прошлых ценностей.

Dans le Southland, il avait vécu sous la loi de l'amour et de la bonté.

На Юге он жил по законам любви и доброты.

Là, il était logique de respecter la propriété et les sentiments des autres chiens.

В этом случае имело смысл уважать собственность и чувства других собак.

Mais le Northland suivait la loi du gourdin et la loi du croc.

Но Северяне следовали закону дубинки и закону клыка.

Quiconque respectait les anciennes valeurs ici était stupide et échouerait.

Тот, кто здесь уважал старые ценности, был глупцом и потерпит неудачу.

Buck n'a pas réfléchi à tout cela dans son esprit.

Бак не обдумывал все это в уме.

Il était en forme et s'est donc adapté sans avoir besoin de réfléchir.

Он был в форме, поэтому приспособился, не задумываясь.

De toute sa vie, il n'avait jamais fui un combat.

За всю свою жизнь он ни разу не уклонился от драки.

Mais la massue en bois de l'homme au pull rouge a changé cette règle.

Но деревянная дубинка человека в красном свитере изменила это правило.

Il suivait désormais un code plus profond et plus ancien, inscrit dans son être.

Теперь он следовал более глубокому, древнему коду, заложенному в его существе.

Il ne volait pas par plaisir, mais par faim.

Он воровал не из удовольствия, а из-за муки голода.

Il n'a jamais volé ouvertement, mais il a volé avec ruse et prudence.

Он никогда не грабил открыто, но воровал хитро и осторожно.

Il a agi par respect pour la massue en bois et par peur du croc.

Он действовал из уважения к деревянной дубинке и страха перед клыками.

En bref, il a fait ce qui était plus facile et plus sûr que de ne pas le faire.

Короче говоря, он сделал то, что было проще и безопаснее, чем не сделать.

Son développement – ou peut-être son retour à ses anciens instincts – fut rapide.

Его развитие — или, может быть, возвращение к старым инстинктам — было быстрым.

Ses muscles se durcirent jusqu'à devenir aussi forts que du fer.

Его мышцы окрепли и стали крепче железа.

Il ne se souciait plus de la douleur, à moins qu'elle ne soit grave.

Его больше не волновала боль, если только она не была серьезной.

Il est devenu efficace à l'intérieur comme à l'extérieur, ne gaspillant rien du tout.

Он стал эффективным как внешне, так и внутренне, не теряя ничего впустую.

Il pouvait manger des choses viles, pourries ou difficiles à digérer.

Он мог есть отвратительную, гнилую или трудноперевариваемую пищу.

Quoi qu'il mange, son estomac utilisait jusqu'au dernier morceau de valeur.

Что бы он ни ел, его желудок использовал все до последней капли.

Son sang transportait les nutriments loin dans son corps puissant.

Его кровь разносила питательные вещества по всему его сильному телу.

Cela a créé des tissus solides qui lui ont donné une endurance incroyable.

Это позволило сформировать крепкие ткани, которые дали ему невероятную выносливость.

Sa vue et son odorat sont devenus beaucoup plus sensibles qu'avant.

Его зрение и обоняние стали гораздо более чувствительными, чем раньше.

Son ouïe est devenue si fine qu'il pouvait détecter des sons faibles pendant son sommeil.

Его слух стал настолько острым, что он мог улавливать слабые звуки во сне.

Il savait dans ses rêves si les sons signifiaient sécurité ou danger.

Во сне он знал, означают ли эти звуки безопасность или опасность.

Il a appris à mordre la glace entre ses orteils avec ses dents.

Он научился кусать лед между пальцами ног зубами.

Si un point d'eau gelait, il brisait la glace avec ses jambes.

Если водоем замерзал, он разбивал лед ногами.

Il se cabra et frappa violemment la glace avec ses membres antérieurs raides.

Он встал на дыбы и сильно ударил по льду напряженными передними конечностями.

Sa capacité la plus frappante était de prédire les changements de vent pendant la nuit.

Его самой поразительной способностью было предсказание изменений ветра за одну ночь.

Même lorsque l'air était calme, il choisissait des endroits abrités du vent.

Даже когда воздух был неподвижен, он выбирал места, защищенные от ветра.

Partout où il creusait son nid, le vent du lendemain le passait à côté de lui.

Где бы он ни рыл свое гнездо, ветер следующего дня обходил его стороной.

Il finissait toujours par se blottir et se protéger, sous le vent.

Он всегда оказывался в уютном и защищенном месте, с подветренной стороны от ветра.

Buck n'a pas seulement appris par l'expérience : son instinct est également revenu.

Бак не только извлек уроки из опыта, к нему вернулись и инстинкты.

Les habitudes des générations domestiquées ont commencé à disparaître.

Привычки одомашненных поколений начали исчезать.

De manière vague, il se souvenait des temps anciens de sa race.

Он смутно помнил древние времена своей расы.

Il repensa à l'époque où les chiens sauvages couraient en meute dans les forêts.

Он вспомнил времена, когда дикие собаки стаями бегали по лесам.

Ils avaient poursuivi et tué leur proie en la poursuivant.

Они преследовали свою добычу и убивали ее, преследуя ее.

Il était facile pour Buck d'apprendre à se battre avec force et rapidité.

Бэку было легко научиться драться зубами и скоростью.

Il utilisait des coupures, des entailles et des coups rapides, tout comme ses ancêtres.

Он использовал удары, режущие движения и быстрые щелчки, как и его предки.

Ces ancêtres se sont réveillés en lui et ont réveillé sa nature sauvage.

Эти предки пробудили в нем дикую природу.

Leurs anciennes compétences lui avaient été transmises par le sang.

Их старые навыки передались ему по крови.

Leurs tours étaient désormais à lui, sans besoin de pratique ni d'effort.

Теперь их трюки принадлежали ему, и для этого не требовалось никакой практики или усилий.

Lors des nuits calmes et froides, Buck levait le nez et hurlait.

В тихие, холодные ночи Бак поднимал нос и выл.

Il hurla longuement et profondément, comme le faisaient les loups autrefois.

Он выл долго и басисто, как это делали волки много лет назад.

À travers lui, ses ancêtres morts pointaient leur nez et hurlaient.

Через него его мертвые предки высовывали свои носы и выли.

Ils ont hurlé à travers les siècles avec sa voix et sa forme.

Они выли сквозь века его голосом и формой.

Ses cadences étaient les leurs, de vieux cris qui parlaient de chagrin et de froid.

Его интонации были их собственными, это были старые крики, повествующие о горе и холоде.

Ils chantaient l'obscurité, la faim et le sens de l'hiver.

Они пели о тьме, голоде и значении зимы.

Buck a prouvé que la vie est façonnée par des forces qui nous dépassent.

Бак доказал, что жизнь формируется силами, находящимися вне нас,

L'ancienne chanson s'éleva à travers Buck et s'empara de son âme.

древняя песня пронзила Бэка и завладела его душой.

Il s'est retrouvé parce que les hommes avaient trouvé de l'or dans le Nord.

Он нашел себя, потому что люди нашли золото на Севере.

Et il s'est retrouvé parce que Manuel, l'aide du jardinier, avait besoin d'argent.

И он нашел себя, потому что Мануэлю, помощнику садовника, нужны были деньги.

La Bête Primordiale Dominante
Господствующий Первобытный Зверь

La bête primordiale dominante était aussi forte que jamais en Buck.

Доминирующий первобытный зверь был силен как никогда прежде в Баке.

Mais la bête primordiale dominante sommeillait en lui.

Но доминирующий первобытный зверь дремал в нем.

La vie sur le sentier était dure, mais elle renforçait la bête qui sommeillait en Buck.

Жизнь на тропе была суровой, но она закалила зверя внутри Бака.

Secrètement, la bête devenait de plus en plus forte chaque jour.

Втайне зверь с каждым днем становился все сильнее и сильнее.

Mais cette croissance intérieure est restée cachée au monde extérieur.

Но этот внутренний рост оставался скрытым от внешнего мира.

Une force primordiale, calme et tranquille, se construisait à l'intérieur de Buck.

Внутри Бака нарастала тихая и спокойная первобытная сила.

Une nouvelle ruse a donné à Buck l'équilibre, le calme, le contrôle et l'équilibre.

Новая хитрость дала Бак равновесие, спокойный контроль и уравновешенность.

Buck s'est concentré sur son adaptation, sans jamais se sentir complètement détendu.

Бак сосредоточился на адаптации, никогда не чувствуя себя полностью расслабленным.

Il évitait les conflits, ne déclenchait jamais de bagarres et ne cherchait jamais les ennuis.

Он избегал конфликтов, никогда не начинал драк и не искал неприятностей.

Une réflexion lente et constante façonnait chaque mouvement de Buck.

Медленная, размеренная задумчивость определяла каждое движение Бака.

Il évitait les choix irréfléchis et les décisions soudaines et imprudentes.

Он избегал необдуманных решений и внезапных, безрассудных поступков.

Bien que Buck détestait profondément Spitz, il ne lui montrait aucune agressivité.

Хотя Бак люто ненавидел Шпица, он не проявлял к нему агрессии.

Buck n'a jamais provoqué Spitz et a gardé ses actions contenues.

Бак никогда не провоцировал Шпица и вел себя сдержанно.

Spitz, de son côté, sentait le danger grandissant chez Buck.

С другой стороны, Шпиц чувствовал растущую опасность в Баке.

Il considérait Buck comme une menace et un sérieux défi à son pouvoir.

Он видел в Баке угрозу и серьезный вызов своей власти.

Il profitait de chaque occasion pour grogner et montrer ses dents acérées.

Он использовал любую возможность, чтобы зарычать и показать свои острые зубы.

Il essayait de déclencher le combat mortel qui devait avoir lieu.

Он пытался начать смертельную схватку, которая должна была произойти.

Au début du voyage, une bagarre a failli éclater entre eux.

В начале поездки между ними едва не вспыхнула драка.

Mais un accident inattendu a empêché le combat d'avoir lieu.

Однако неожиданный инцидент помешал проведению боя.

Ce soir-là, ils installèrent leur campement sur le lac Le Barge, extrêmement froid.

Вечером они разбили лагерь на очень холодном озере Ле-Барж.

La neige tombait fort et le vent soufflait comme un couteau.

Шел сильный снег, а ветер резал как нож.

La nuit était venue trop vite et l'obscurité les entourait.

Ночь наступила слишком быстро, и их окружила тьма.

Ils n'auraient pas pu choisir un pire endroit pour se reposer.

Худшего места для отдыха они вряд ли могли выбрать.

Les chiens cherchaient désespérément un endroit où se coucher.

Собаки отчаянно искали место, где можно было бы лечь.

Un haut mur de roche s'élevait abruptement derrière le petit groupe.

Позади небольшой группы круто возвышалась высокая каменная стена.

La tente avait été laissée à Dyea pour alléger la charge.

Палатку оставили в Дайе, чтобы облегчить груз.

Ils n'avaient pas d'autre choix que d'allumer le feu sur la glace elle-même.

У них не было выбора, кроме как развести огонь прямо на льду.

Ils étendent leurs robes de nuit directement sur le lac gelé.

Они расстелили свои спальные халаты прямо на замерзшем озере.

Quelques bâtons de bois flotté leur ont donné un peu de feu.

Несколько палочек из плавника дали им немного огня.

Mais le feu s'est allumé sur la glace et a fondu à travers elle.

Но огонь разгорелся на льду и растопил его.

Finalement, ils mangeaient leur dîner dans l'obscurité.

В конце концов они ужинали в темноте.

Buck s'est recroquevillé près du rocher, à l'abri du vent froid.

Бэк свернулся калачиком возле скалы, укрывшись от холодного ветра.

L'endroit était si chaud et sûr que Buck détestait déménager.

Место было таким теплым и безопасным, что Бак не хотелось уезжать.

Mais François avait réchauffé le poisson et distribuait les rations.

Но Франсуа разогрел рыбу и раздавал пайки.

Buck finit de manger rapidement et retourna dans son lit.

Бак быстро закончил есть и вернулся в постель.

Mais Spitz était maintenant allongé là où Buck avait fait son lit.

Но Шпиц теперь лежал там, где Бак устроил себе постель.

Un grognement sourd avertit Buck que Spitz refusait de bouger.

Низкий рык предупредил Бака, что Шпиц отказывается двигаться.

Jusqu'à présent, Buck avait évité ce combat avec Spitz.

До сих пор Бак избегал боя со Шпицем.

Mais au plus profond de Buck, la bête s'est finalement libérée.

Но глубоко внутри Бака зверь наконец вырвался на свободу.

Le vol de son lieu de couchage était trop difficile à tolérer.

Кража его спального места оказалась невыносимой.

Buck se lança sur Spitz, plein de colère et de rage.

Бак бросился на Шпица, полный гнева и ярости.

Jusqu'à présent, Spitz pensait que Buck n'était qu'un gros chien.

До этого Шпиц считал Бака просто большой собакой.

Il ne pensait pas que Buck avait survécu grâce à son esprit.

Он не думал, что Бак выжил благодаря своему духу.

Il s'attendait à la peur et à la lâcheté, pas à la fureur et à la vengeance.

Он ожидал страха и трусости, а не ярости и мести.

François regarda les deux chiens sortir du nid en ruine.

Франсуа наблюдал, как обе собаки выскочили из разрушенного гнезда.

Il comprit immédiatement ce qui avait déclenché cette lutte sauvage.

Он сразу понял, что послужило причиной этой яростной борьбы.

« Aa-ah ! » s'écria François en soutien au chien brun.

«Аа-а!» — закричал Франсуа, поддерживая коричневую собаку.

« Frappez-le ! Par Dieu, punissez ce voleur sournois ! »

"Дай ему пинка! Богом клянусь, накажи этого подлого вора!"

Spitz a montré une volonté égale et une impatience folle de se battre.

Шпиц проявил такую же готовность и дикое рвение к борьбе.

Il cria de rage tout en tournant rapidement en rond, cherchant une ouverture.

Он закричал от ярости, быстро кружа в поисках выхода.

Buck a montré la même soif de combat et la même prudence.

Бак проявил ту же жажду борьбы и ту же осторожность.

Il a également encerclé son adversaire, essayant de prendre le dessus dans la bataille.

Он также кружил вокруг своего противника, пытаясь одержать верх в бою.

Puis quelque chose d'inattendu s'est produit et a tout changé.

Затем произошло нечто неожиданное и все изменило.

Ce moment a retardé l'éventuelle lutte pour le leadership.

Этот момент отсрочил окончательную борьбу за лидерство.

De nombreux kilomètres de piste et de lutte attendaient encore avant la fin.

До конца их ждало еще много миль пути и борьбы.

Perrault cria un juron tandis qu'une massue frappait un os.

Перро выкрикнул ругательство, когда дубинка ударила по кости.

Un cri aigu de douleur suivit, puis le chaos explosa tout autour.

Раздался резкий вопль боли, а затем вокруг воцарился хаос.

Des formes sombres se déplaçaient dans le camp ; des huskies sauvages, affamés et féroces.

По лагерю двигались темные тени: дикие лайки, голодные и свирепые.

Quatre ou cinq douzaines de huskies avaient reniflé le camp de loin.

Четыре или пять десятков лаек издалека почуяли лагерь.

Ils s'étaient glissés discrètement pendant que les deux chiens se battaient à proximité.

Они тихо пробрались внутрь, пока две собаки дрались неподалёку.

François et Perrault chargèrent en brandissant des massues sur les envahisseurs.

Франсуа и Перро бросились в атаку, размахивая дубинками в сторону захватчиков.

Les huskies affamés ont montré les dents et ont riposté avec frénésie.

Голодные хаски оскалили зубы и яростно отбивались.

L'odeur de la viande et du pain les avait chassés de toute peur.

Запах мяса и хлеба заставил их забыть о страхе.

Perrault battait un chien qui avait enfoui sa tête dans la boîte à nourriture.

Перро избил собаку, которая зарылась головой в ящик со съестными припасами.

Le coup a été violent et la boîte s'est retournée, la nourriture s'est répandue.

Удар был сильным, коробка перевернулась, и еда высыпалась.

En quelques secondes, une vingtaine de bêtes sauvages déchirèrent le pain et la viande.

За считанные секунды десятки диких зверей набросились на хлеб и мясо.

Les gourdin masculins ont porté coup sur coup, mais aucun chien ne s'est détourné.

Мужские дубинки наносили удар за ударом, но ни одна собака не отвернулась.

Ils hurlaient de douleur, mais se battaient jusqu'à ce qu'il ne reste plus de nourriture.

Они выли от боли, но сражались до тех пор, пока не осталась еда.

Pendant ce temps, les chiens de traîneau avaient sauté de leurs lits enneigés.

Тем временем ездовые собаки выпрыгнули из своих снежных постелей.

Ils ont été immédiatement attaqués par les huskies vicieux et affamés.

На них тут же напали свирепые голодные хаски.

Buck n'avait jamais vu de créatures aussi sauvages et affamées auparavant.

Бак никогда раньше не видел таких диких и голодных существ.

Leur peau pendait librement, cachant à peine leur squelette.

Кожа у них свисала свободно, едва скрывая скелеты.

Il y avait un feu dans leurs yeux, de faim et de folie

В их глазах горел огонь от голода и безумия.

Il n'y avait aucun moyen de les arrêter, aucune résistance à leur ruée sauvage.

Их невозможно было остановить, невозможно было противостоять их дикому натиску.

Les chiens de traîneau furent repoussés, pressés contre la paroi de la falaise.

Собачьи упряжки были отброшены назад и прижаты к скале.

Trois huskies ont attaqué Buck en même temps, déchirant sa chair.

Три лайки одновременно напали на Бэка, разрывая его плоть.

Du sang coulait de sa tête et de ses épaules, là où il avait été coupé.

Кровь текла из его головы и плеч, где он был порезан.

Le bruit remplissait le camp : grognements, cris et cris de douleur.

Шум наполнил лагерь: рычание, визги и крики боли.

Billee pleurait fort, comme d'habitude, prise dans la mêlée et la panique.

Билли, как обычно, громко закричал, охваченный дракой и паникой.

Dave et Solleks se tenaient côte à côte, saignant mais provocants.

Дэйв и Соллекс стояли бок о бок, истекая кровью, но сохраняя непокорность.

Joe s'est battu comme un démon, mordant tout ce qui s'approchait.

Джо сражался как демон, кусая все, что приближалось.

Il a écrasé la jambe d'un husky d'un claquement brutal de ses mâchoires.

Одним резким движением челюстей он раздавил ногу хаски.

Pike a sauté sur le husky blessé et lui a brisé le cou instantanément.

Пайк прыгнул на раненую лайку и мгновенно сломал ей шею.

Buck a attrapé un husky par la gorge et lui a déchiré la veine.

Бэк схватил лайку за горло и перерезал ей вену.

Le sang gicla et le goût chaud poussa Buck dans une frénésie.

Брызнула кровь, и ее теплый вкус привел Бака в ярость.

Il s'est jeté sur un autre agresseur sans hésitation.

Он без колебаний бросился на другого нападавшего.

Au même moment, des dents acérées s'enfoncèrent dans la gorge de Buck.

В тот же момент острые зубы впились в горло Бака.

Spitz avait frappé de côté, attaquant sans avertissement.

Шпиц нанес удар сбоку, атаковав без предупреждения.

Perrault et François avaient vaincu les chiens en volant la nourriture.

Перро и Франсуа победили собак, воровавших еду.

Ils se sont alors précipités pour aider leurs chiens à repousser les attaquants.

Теперь они бросились помогать своим собакам отбиваться от нападавших.

Les chiens affamés se retirèrent tandis que les hommes brandissaient leurs gourdins.

Голодные собаки отступили, когда мужчины замахнулись дубинками.

Buck s'est libéré de l'attaque, mais l'évasion a été brève.

Бак вырвался из-под атаки, но побег был недолгим.

Les hommes ont couru pour sauver leurs chiens, et les huskies ont de nouveau afflué.

Мужчины побежали спасать своих собак, и лайки снова набросились.

Billee, effrayé et courageux, sauta dans la meute de chiens.

Билли, набравшись храбрости и испугавшись, прыгнул в стаю собак.

Mais il s'est alors enfui sur la glace, saisi de terreur et de panique.

Но затем он побежал по льду, охваченный ужасом и паникой.

Pike et Dub suivaient de près, courant pour sauver leur vie.

Пайк и Даб последовали за ними, спасая свои жизни.

Le reste de l'équipe s'est séparé et dispersé, les suivant.

Остальная часть команды разбежалась и последовала за ними.

Buck rassembla ses forces pour courir, mais vit alors un éclair.

Бак собрался с силами, чтобы бежать, но тут увидел вспышку.

Spitz s'est jeté sur le côté de Buck, essayant de le faire tomber au sol.

Шпиц бросился на Бака, пытаясь повалить его на землю.

Sous cette foule de huskies, Buck n'aurait eu aucune échappatoire.

Под толпой хаски Бак было не скрыться.

Mais Buck est resté ferme et s'est préparé au coup de Spitz.

Но Бак держался стойко и приготовился к удару Шпица.

Puis il s'est retourné et a couru sur la glace avec l'équipe en fuite.

Затем он повернулся и выбежал на лед вместе с убегающей командой.

Plus tard, les neuf chiens de traîneau se sont rassemblés à l'abri des bois.

Позже девять ездовых собак собрались под прикрытием леса.

Personne ne les poursuivait plus, mais ils étaient battus et blessés.

За ними больше никто не гнался, но они были избиты и ранены.

Chaque chien avait des blessures ; quatre ou cinq coupures profondes sur chaque corps.

У каждой собаки были раны: по четыре-пять глубоких порезов на теле.

Dub avait une patte arrière blessée et avait du mal à marcher maintenant.

У Даба была травмирована задняя лапа, и теперь ему было трудно ходить.

Dolly, le nouveau chien de Dyea, avait la gorge tranchée.

У Долли, новой собаки из Дайи, было перерезано горло.

Joe avait perdu un œil et l'oreille de Billee était coupée en morceaux

Джо потерял глаз, а ухо Билли было разорвано на куски.

Tous les chiens ont crié de douleur et de défaite toute la nuit.

Все собаки всю ночь плакали от боли и поражения.

À l'aube, ils retournèrent au camp, endoloris et brisés.

На рассвете они вернулись в лагерь, измученные и сломленные.

Les huskies avaient disparu, mais le mal était fait.

Хаски исчезли, но ущерб уже был нанесен.

Perrault et François étaient de mauvaise humeur à cause de la ruine.

Перро и Франсуа стояли над руинами в отвратительном настроении.

La moitié de la nourriture avait disparu, volée par les voleurs affamés.

Половину еды унесли голодные воры.

Les huskies avaient déchiré les fixations et la toile du traîneau.

Хаски разорвали крепления и брезент саней.

Tout ce qui avait une odeur de nourriture avait été complètement dévoré.

Все, что имело запах еды, было полностью съедено.

Ils ont mangé une paire de bottes de voyage en peau d'élan de Perrault.

Они съели пару дорожных сапог Перро из лосиной шкуры.

Ils ont mâché des reis en cuir et ruiné des sangles au point de les rendre inutilisables.

Они изгрызли кожаные реи и испортили ремни до такой степени, что они стали непригодными для использования.

François cessa de fixer le fouet déchiré pour vérifier les chiens.

Франсуа перестал смотреть на порванную плеть, чтобы проверить собак.

« Ah, mes amis », dit-il d'une voix basse et pleine d'inquiétude.

«Ах, друзья мои», — сказал он тихим голосом, полным беспокойства.

« Peut-être que toutes ces morsures vous transformeront en bêtes folles. »

«Может быть, все эти укусы превратят вас в бешеных зверей».

« Peut-être que ce sont tous des chiens enragés, sacredam ! Qu'en penses-tu, Perrault ? »

«Может быть, все они бешеные собаки, святейший! Что ты думаешь, Перро?»

Perrault secoua la tête, les yeux sombres d'inquiétude et de peur.

Перро покачал головой, глаза его потемнели от беспокойства и страха.

Il y avait encore quatre cents milles entre eux et Dawson.

Между ними и Доусоном лежало еще четыреста миль.

La folie canine pourrait désormais détruire toute chance de survie.

Собачье безумие теперь может уничтожить любые шансы на выживание.

Ils ont passé deux heures à jurer et à essayer de réparer le matériel.

Они потратили два часа, ругаясь и пытаясь починить снаряжение.

L'équipe blessée a finalement quitté le camp, brisée et vaincue.

Раненая команда в конце концов покинула лагерь, разбитая и побежденная.

C'était le sentier le plus difficile jusqu'à présent, et chaque pas était douloureux.

Это был самый трудный путь, и каждый шаг давался с болью.

La rivière Thirty Mile n'était pas gelée et coulait à flots.

Река Тридцатая Миля не замерзла и бурно бурлила.

Ce n'est que dans les endroits calmes et les tourbillons que la glace parvenait à tenir.

Лишь в спокойных местах и бурных водоворотах лед удерживался.

Six jours de dur labeur se sont écoulés jusqu'à ce que les trente milles soient parcourus.

Прошло шесть дней тяжелого труда, прежде чем тридцать миль были пройдены.

Chaque kilomètre parcouru sur le sentier apportait du danger et une menace de mort.

Каждая миля пути приносила опасность и угрозу смерти.

Les hommes et les chiens risquaient leur vie à chaque pas douloureux.

Люди и собаки рисковали своей жизнью на каждом болезненном шагу.

Perrault a franchi des ponts de glace minces à une douzaine de reprises.

Перро прорывал тонкие ледяные мосты дюжину раз.

Il portait une perche et la laissait tomber sur le trou que son corps avait fait.

Он взял шест и бросил его через яму, образовавшуюся от его тела.

Plus d'une fois, ce poteau a sauvé Perrault de la noyade.

Этот шест не раз спасал Перро от утопления.

La vague de froid persistait, l'air était à cinquante degrés en dessous de zéro.

Похолодание сохранялось, температура воздуха составляла пятьдесят градусов ниже нуля.

Chaque fois qu'il tombait, Perrault devait allumer un feu pour survivre.

Каждый раз, когда Перро падал, ему приходилось разжигать огонь, чтобы выжить.

Les vêtements mouillés gelaient rapidement, alors il les séchait près d'une source de chaleur intense.

Мокрая одежда быстро замерзала, поэтому он сушил ее на сильном огне.

Aucune peur n'a jamais touché Perrault, et cela a fait de lui un courrier.

Никакой страх никогда не касался Перро, и это сделало его курьером.

Il a été choisi pour le danger, et il l'a affronté avec une résolution tranquille.

Его выбрали для опасности, и он встретил ее со спокойной решимостью.

Il s'avança face au vent, son visage ratatiné et gelé.

Он двинулся вперед навстречу ветру, его сморщенное лицо было обморожено.

De l'aube naissante à la tombée de la nuit, Perrault les mena en avant.

От слабого рассвета до наступления темноты Перро вел их вперед.

Il marchait sur une étroite bordure de glace qui se fissurait à chaque pas.

Он шел по узкому льду, который трескался при каждом шаге.

Ils n'osaient pas s'arrêter : chaque pause risquait de provoquer un effondrement mortel.

Они не осмеливались останавливаться — каждая пауза грозила смертельным исходом.

Un jour, le traîneau s'est brisé, entraînant Dave et Buck à l'intérieur.

Однажды сани прорвались, затянув Дэйва и Бака.

Au moment où ils ont été libérés, tous deux étaient presque gelés.

К тому времени, как их вытащили на свободу, оба были почти замерзшими.

Les hommes ont rapidement allumé un feu pour garder Buck et Dave en vie.

Мужчины быстро развели костер, чтобы спасти Бак и Дэйва.

Les chiens étaient recouverts de glace du nez à la queue, raides comme du bois sculpté.

Собаки были покрыты льдом от носа до хвоста, жесткие, как резное дерево.

Les hommes les faisaient courir en rond près du feu pour décongeler leurs corps.

Мужчины водили их кругами возле костра, чтобы согреть их тела.

Ils se sont approchés si près des flammes que leur fourrure a été brûlée.

Они подошли так близко к огню, что их шерсть обгорела.

Spitz a ensuite brisé la glace, entraînant l'équipe derrière lui.

Следующим из-под льда прорвался Шпиц, увлекая за собой команду.

La cassure s'est étendue jusqu'à l'endroit où Buck tirait.

Разрыв дошел до того места, где тянул Бак.

Buck se pencha en arrière, ses pattes glissant et tremblant sur le bord.

Бэк резко откинулся назад, его лапы скользили и дрожали на краю.

Dave a également tendu vers l'arrière, juste derrière Buck sur la ligne.

Дэйв также отступил назад, оказавшись на линии сразу за Баком.

François tirait sur le traîneau, ses muscles craquant sous l'effort.

Франсуа тащил сани, его мышцы трещали от усилий.

Une autre fois, la glace du bord s'est fissurée devant et derrière le traîneau.

В другой раз край льда треснул перед санями и позади них.

Ils n'avaient d'autre issue que d'escalader une paroi rocheuse gelée.

У них не было другого выхода, кроме как карабкаться по замерзшей скале.

Perrault a réussi à escalader le mur, mais un miracle l'a maintenu en vie.

Перро каким-то образом перелез через стену; чудо сохранило ему жизнь.

François resta en bas, priant pour avoir le même genre de chance.

Франсуа остался внизу, молясь о такой же удаче.

Ils ont attaché chaque sangle, chaque amarrage et chaque traçage en une seule longue corde.

Они связали все ремни, обвязки и постромки в одну длинную веревку.

Les hommes ont hissé chaque chien, un par un, jusqu'au sommet.

Мужчины по одной подняли собак наверх.

François est monté en dernier, après le traîneau et toute la charge.

Франсуа поднялся последним, после саней и всего груза.

Commença alors une longue recherche d'un chemin pour descendre des falaises.

Затем начались долгие поиски тропы, ведущей вниз со скал.

Ils sont finalement descendus en utilisant la même corde qu'ils avaient fabriquée.

В конце концов они спустились, используя ту же веревку, которую сделали сами.

La nuit tombait alors qu'ils retournaient au lit de la rivière, épuisés et endoloris.

Наступила ночь, когда они вернулись к руслу реки, измученные и больные.

La journée entière ne leur avait permis de gagner qu'un quart de mile.

За целый день им удалось продвинуться всего на четверть мили.

Au moment où ils atteignirent le Hootalinqua, Buck était épuisé.

К тому времени, как они добрались до Хуталинква, Бак был измотан.

Les autres chiens ont tout autant souffert des conditions du sentier.

Другие собаки так же сильно пострадали от условий тропы.

Mais Perrault avait besoin de récupérer du temps et les poussait chaque jour.

Но Перро нужно было наверстать упущенное, и он подталкивал их вперед каждый день.

Le premier jour, ils ont parcouru trente miles jusqu'à Big Salmon.

В первый день они прошли тридцать миль до Биг-Салмона.

Le lendemain, ils parcoururent trente-cinq milles jusqu'à Little Salmon.

На следующий день они проделали путь в тридцать пять миль до Литл-Салмона.

Le troisième jour, ils ont parcouru quarante longs kilomètres gelés.

На третий день они преодолели сорок миль по замерзшей дороге.

À ce moment-là, ils approchaient de la colonie de Five Fingers.

К тому времени они приближались к поселению Файв-Фингерс.

Les pieds de Buck étaient plus doux que les pieds durs des huskies indigènes.

Копыта Бака были мягче, чем твердые копыта местных лаек.

Ses pattes étaient devenues plus fragiles au fil des générations civilisées.

За многие цивилизованные поколения его лапы стали нежными.

Il y a longtemps, ses ancêtres avaient été apprivoisés par des hommes de la rivière ou des chasseurs.

Давным-давно его предки были приручены речными людьми или охотниками.

Chaque jour, Buck boitait de douleur, marchant sur des pattes à vif et douloureuses.

Каждый день Бак хромал от боли, ступая на ободранных, ноющих лапах.

Au camp, Buck tomba comme une forme sans vie sur la neige.

В лагере Бак безжизненно рухнул на снег.

Bien qu'affamé, Buck ne s'est pas levé pour manger son repas du soir.

Несмотря на голод, Бак не встал, чтобы поужинать.

François apporta sa ration à Buck, en déposant du poisson près de son museau.

Франсуа принес Бак его паек, положив рыбу ему на морду.

Chaque nuit, le chauffeur frottait les pieds de Buck pendant une demi-heure.

Каждый вечер водитель в течение получаса растирал Бак ноги.

François a même découpé ses propres mocassins pour en faire des chaussures pour chiens.

Франсуа даже разрезал свои собственные мокасины, чтобы сделать из них обувь для собак.

Quatre chaussures chaudes ont apporté à Buck un grand et bienvenu soulagement.

Четыре теплых ботинка принесли Бак большое и долгожданное облегчение.

Un matin, François oublia ses chaussures et Buck refusa de se lever.

Однажды утром Франсуа забыл туфли, а Бак отказался вставать.

Buck était allongé sur le dos, les pieds en l'air, les agitant pitoyablement.

Бак лежал на спине, задрав ноги в воздух, и жалобно ими размахивал.

Même Perrault sourit à la vue de l'appel dramatique de Buck.

Даже Перро ухмыльнулся, увидев драматическую мольбу Бака.

Bientôt, les pieds de Buck devinrent durs et les chaussures purent être jetées.

Вскоре ноги Бака затвердели, и обувь пришлось выбросить.

À Pelly, pendant le temps du harnais, Dolly laissait échapper un hurlement épouvantable.

В Пелли, во время запряжки, Долли издала ужасный вой.

Le cri était long et rempli de folie, secouant chaque chien.

Крик был долгим и полным безумия, потрясшим каждую собаку.

Chaque chien se hérissait de peur sans en connaître la raison.

Каждая собака ощетинилась от страха, не понимая причины.

Dolly était devenue folle et s'était jetée directement sur Buck.

Долли сошла с ума и бросилась прямо на Бака.

Buck n'avait jamais vu la folie, mais l'horreur remplissait son cœur.

Бак никогда не видел безумия, но ужас наполнил его сердце.

Sans réfléchir, il se retourna et s'enfuit, complètement paniqué.

Не раздумывая, он повернулся и в панике бросился бежать.

Dolly le poursuivit, les yeux fous, la salive s'échappant de ses mâchoires.

Долли погналась за ним, ее глаза были дикими, слюна летела из ее пасти.

Elle est restée juste derrière Buck, sans jamais gagner ni reculer.

Она держалась сразу за Баком, не отставая и не нагоняя его.

Buck courut à travers les bois, le long de l'île, sur de la glace déchiquetée.

Бак бежал через лес, по острову, по неровному льду.

Il traversa vers une île, puis une autre, revenant vers la rivière.

Он переправился на остров, затем на другой, а затем вернулся обратно к реке.

Dolly le poursuivait toujours, son grognement le suivant de près à chaque pas.

Долли продолжала преследовать его, и ее рычание раздавалось на каждом шагу.

Buck pouvait entendre son souffle et sa rage, même s'il n'osait pas regarder en arrière.

Бак слышал ее дыхание и ярость, хотя не осмеливался оглядываться.

François cria de loin, et Buck se tourna vers la voix.

Франсуа крикнул издалека, и Бак повернулся на голос.

Encore à bout de souffle, Buck courut, plaçant tout espoir en François.

Все еще хватая ртом воздух, Бак пробежал мимо, возлагая всю надежду на Франсуа.

Le conducteur du chien leva une hache et attendit que Buck passe à toute vitesse.

Погонщик собак поднял топор и подождал, пока Бак пролетит мимо.

La hache s'abattit rapidement et frappa la tête de Dolly avec une force mortelle.

Топор стремительно опустился и со смертельной силой ударил Долли по голове.

Buck s'est effondré près du traîneau, essoufflé et incapable de bouger.

Бак рухнул возле саней, хрипя и не в силах пошевелиться.

Ce moment a donné à Spitz l'occasion de frapper un ennemi épuisé.

В этот момент у Шпица появился шанс нанести удар измотанному противнику.

Il a mordu Buck à deux reprises, déchirant la chair jusqu'à l'os blanc.

Дважды он укусил Бэка, разрывая плоть до белой кости.

Le fouet de François claqua, frappant Spitz avec toute sa force et sa fureur.

Франсуа щелкнул кнутом, ударив Шпица со всей яростной силой.

Buck regarda avec joie Spitz recevoir sa raclée la plus dure jusqu'à présent.

Бак с радостью наблюдал, как Шпица избивают сильнее, чем когда-либо.

« C'est un diable, ce Spitz », murmura sombrement Perrault pour lui-même.

«Он дьявол, этот Шпиц», — мрачно пробормотал Перро себе под нос.

« Un jour prochain, ce maudit chien tuera Buck, je le jure. »

«Однажды, очень скоро, эта проклятая собака убьет Бака — клянусь».

« Ce Buck a deux démons en lui », répondit François en hochant la tête.

«В этом Баке два дьявола», — ответил Франсуа, кивнув.

« Quand je regarde Buck, je sais que quelque chose de féroce l'attend. »

«Когда я смотрю на Бака, я знаю, что в нем таится что-то свирепое».

« Un jour, il deviendra fou comme le feu et mettra Spitz en pièces. »

«Однажды он разозлится и разорвет Шпица на куски».

« Il va mâcher ce chien et le recracher sur la neige gelée. »

«Он прожует эту собаку и выплюнет ее на замерзший снег».

« Bien sûr que non, je le sais au plus profond de moi. »

«Конечно, я знаю это в глубине души».

À partir de ce moment-là, les deux chiens étaient engagés dans une guerre.

С этого момента между двумя собаками началась война.

Spitz a dirigé l'équipe et a conservé le pouvoir, mais Buck a contesté cela.

Спиц возглавлял команду и удерживал власть, но Бак бросил этому вызов.

Spitz a vu son rang menacé par cet étrange étranger du Sud.

Шпиц увидел, что этот странный незнакомец с Юга угрожает его положению.

Buck ne ressemblait à aucun autre chien du sud que Spitz avait connu auparavant.

Бак не был похож ни на одну южную собаку, которую Шпиц знал раньше.

La plupart d'entre eux ont échoué, trop faibles pour survivre au froid et à la faim.

Большинство из них потерпели неудачу — они были слишком слабы, чтобы пережить холод и голод.

Ils sont morts rapidement à cause du travail, du gel et de la lenteur de la famine.

Они быстро умирали от труда, холода и медленного голода.

Buck se démarquait : plus fort, plus intelligent et plus sauvage chaque jour.

Бак стоял особняком — с каждым днем становясь сильнее, умнее и свирепее.

Il a prospéré dans les difficultés, grandissant jusqu'à égaler les huskies du Nord.

Он преуспел в трудностях и вырос, став достойным соперником северных хаски.

Buck avait de la force, une habileté sauvage et un instinct patient et mortel.

У Бака была сила, дикая ловкость и терпеливый, смертоносный инстинкт.

L'homme avec la massue avait fait perdre à Buck toute témérité.

Человек с дубинкой выбил из Бака всякую опрометчивость.

La fureur aveugle avait disparu, remplacée par une ruse silencieuse et un contrôle.

Слепая ярость исчезла, уступив место тихой хитрости и контролю.

Il attendait, calme et primitif, guettant le bon moment.

Он ждал, спокойный и первобытный, выжидая подходящего момента.

Leur lutte pour le commandement est devenue inévitable et claire.

Их борьба за господство стала неизбежной и очевидной.

Buck désirait être un leader parce que son esprit l'exigeait.

Бак желал лидерства, потому что этого требовал его дух.

Il était poussé par l'étrange fierté née du sentier et du harnais.

Им двигала странная гордость, рожденная тропой и упряжью.

Cette fierté a poussé les chiens à tirer jusqu'à ce qu'ils s'effondrent sur la neige.

Эта гордость заставляла собак тянуть, пока они не падали на снег.

L'orgueil les a poussés à donner toute la force qu'ils avaient.

Гордыня заставила их отдать все силы, которые у них были.

L'orgueil peut attirer un chien de traîneau jusqu'à la mort.

Гордыня может загнать ездовую собаку даже в ловушку смерти.

La perte du harnais a laissé les chiens brisés et sans but.

Потеряв шлейку, собаки стали сломленными и бесполезными.

Le cœur d'un chien de traîneau peut être brisé par la honte lorsqu'il prend sa retraite.

Сердце ездовой собаки может быть раздавлено стыдом, когда она уходит на пенсию.

Dave vivait avec cette fierté alors qu'il tirait le traîneau par derrière.

Дэйв жил этой гордостью, когда тащил сани сзади.

Solleks, lui aussi, a tout donné avec une force et une loyauté redoutables.

Соллекс тоже отдал всего себя с мрачной силой и преданностью.

Chaque matin, l'orgueil les faisait passer de l'amertume à la détermination.

Каждое утро гордость превращала их из озлобленных в решительных.

Ils ont poussé toute la journée, puis sont restés silencieux à la fin du camp.

Они продвигались весь день, а затем затихли на окраине лагеря.

Cette fierté a donné à Spitz la force de battre les tire-au-flanc.

Эта гордость давала Шпицу силы заставить уклонистов подчиняться.

Spitz craignait Buck parce que Buck portait cette même fierté profonde.

Шпиц боялся Бэка, потому что Бак был столь же горд.

L'orgueil de Buck s'est alors retourné contre Spitz, et il ne s'est pas arrêté.

Гордыня Бэка восстала против Шпица, и он не остановился.

Buck a défié le pouvoir de Spitz et l'a empêché de punir les chiens.

Бак бросил вызов силе Шпица и не позволил ему наказать собак.

Lorsque les autres échouaient, Buck s'interposait entre eux et leur chef.

Когда другие потерпели неудачу, Бак встал между ними и их лидером.

Il l'a fait intentionnellement, en rendant son défi ouvert et clair.

Он сделал это намеренно, сделав свой вызов открытым и ясным.

Une nuit, une forte neige a recouvert le monde d'un profond silence.

Однажды ночью сильный снегопад окутал мир глубокой тишиной.

Le lendemain matin, Pike, paresseux comme toujours, ne se leva pas pour aller travailler.

На следующее утро Пайк, как всегда ленивый, не встал на работу.

Il est resté caché dans son nid sous une épaisse couche de neige.

Он спрятался в своем гнезде под толстым слоем снега.

François a appelé et cherché, mais n'a pas pu trouver le chien.

Франсуа звал и искал, но не смог найти собаку.

Spitz devint furieux et se précipita à travers le camp couvert de neige.

Шпиц разозлился и бросился сквозь заснеженный лагерь.

Il grogna et renifla, creusant frénétiquement avec des yeux flamboyants.

Он рычал и принюхивался, бешено копая землю горящими глазами.

Sa rage était si féroce que Pike tremblait sous la neige de peur.

Его ярость была столь неистовой, что Пайк затрясся от страха под снегом.

Lorsque Pike fut finalement retrouvé, Spitz se précipita pour punir le chien qui se cachait.

Когда Пайк наконец был найден, Шпиц бросился наказать спрятавшуюся собаку.

Mais Buck s'est précipité entre eux avec une fureur égale à celle de Spitz.

Но Бак бросился между ними с яростью, не уступающей ярости Шпица.

L'attaque fut si soudaine et intelligente que Spitz tomba.

Атака была настолько внезапной и ловкой, что Шпиц упал с ног.

Pike, qui tremblait, puisa du courage dans ce défi.

Пайк, которого трясло, почерпнул мужество из этого вызова.

Il sauta sur le Spitz tombé, suivant l'exemple audacieux de Buck.

Он вскочил на упавшего шпица, следуя смелому примеру Бака.

Buck, n'étant plus tenu par l'équité, a rejoint la grève contre Spitz.

Бак, больше не связанный принципами справедливости, присоединился к забастовке на Шпице.

François, amusé mais ferme dans sa discipline, balançait son lourd fouet.

Франсуа, удивленный, но твердый в дисциплине, взмахнул своей тяжелой плетью.

Il frappa Buck de toutes ses forces pour mettre fin au combat.

Он со всей силы ударил Бака, чтобы прекратить драку.

Buck a refusé de bouger et est resté au sommet du chef tombé.

Бак отказался двигаться и остался на упавшем лидере.

François a ensuite utilisé le manche du fouet, frappant Buck durement.

Затем Франсуа использовал рукоятку хлыста, сильно ударив Бэка.

Titubant sous le coup, Buck recula sous l'assaut.

Пошатнувшись от удара, Бак отступил под натиском противника.

François frappait encore et encore tandis que Spitz punissait Pike.

Франсуа наносил удары снова и снова, а Спиц наказывал Пайка.

Les jours passèrent et Dawson City se rapprocha de plus en plus.

Дни шли, и Доусон-Сити становился все ближе и ближе.

Buck n'arrêtait pas d'intervenir, se glissant entre le Spitz et les autres chiens.

Бэк постоянно вмешивался, проскальзывая между Шпицем и другими собаками.

Il choisissait bien ses moments, attendant toujours que François parte.

Он тщательно выбирал моменты, всегда дожидаясь, пока Франсуа уйдет.

La rébellion silencieuse de Buck s'est propagée et le désordre a pris racine dans l'équipe.

Тихий мятеж Бака распространился, и в команде воцарился беспорядок.

Dave et Solleks sont restés fidèles, mais d'autres sont devenus indisciplinés.

Дэйв и Соллекс остались верны, но остальные стали неуправляемыми.

L'équipe est devenue de plus en plus agitée, querelleuse et hors de propos.

Команда стала еще хуже — беспокойной, сварливой и недисциплинированной.

Plus rien ne fonctionnait correctement et les bagarres devenaient courantes.

Все перестало быть гладким, и драки стали обычным явлением.

Buck est resté au cœur des troubles, provoquant toujours des troubles.

Бак оставался в центре событий, постоянно провоцируя беспорядки.

François restait vigilant, effrayé par le combat entre Buck et Spitz.

Франсуа оставался настороже, опасаясь драки между Баком и Шпицем.

Chaque nuit, des bagarres le réveillaient, craignant que le commencement n'arrive enfin.

Каждую ночь он будил себя шумом потасовок и боялся, что вот-вот начнется что-то неладное.

Il sauta de sa robe, prêt à mettre fin au combat.

Он выпрыгнул из своего халата, готовый прекратить драку.

Mais le moment n'arriva jamais et ils atteignirent finalement Dawson.

Но момент так и не настал, и они наконец добрались до Доусона.

L'équipe est entrée dans la ville un après-midi sombre, tendu et calme.

Группа вошла в город одним унылым днем, напряженным и тихим.

La grande bataille pour le leadership était encore en suspens dans l'air glacial.

Великая битва за лидерство все еще висела в морозном воздухе.

Dawson était rempli d'hommes et de chiens de traîneau, tous occupés à travailler.

В Доусоне было полно людей и ездовых собак, все были заняты работой.

Buck regardait les chiens tirer des charges du matin au soir.

Бак наблюдал, как собаки тянут грузы с утра до вечера.

Ils transportaient des bûches et du bois de chauffage et acheminaient des fournitures vers les mines.

Они возили бревна и дрова, доставляли припасы на рудники.

Là où les chevaux travaillaient autrefois dans le Southland, les chiens travaillent désormais.

Там, где раньше на юге работали лошади, теперь трудятся собаки.

Buck a vu quelques chiens du Sud, mais la plupart étaient des huskies ressemblant à des loups.

Бак видел несколько собак с Юга, но большинство из них были похожими на волков лайками.

La nuit, comme une horloge, les chiens élevaient la voix pour chanter.

Ночью, как по часам, собаки начинали петь.

À neuf heures, à minuit et à nouveau à trois heures, les chants ont commencé.

В девять, в полночь и снова в три часа начиналось пение.

Buck aimait se joindre à leur chant étrange, au son sauvage et ancien.

Бэку нравилось присоединяться к их жуткому пению, дикому и древнему по звучанию.

Les aurores boréales flamboyaient, les étoiles dansaient et la neige recouvrait le pays.

Ярко светило полярное сияние, плясали звезды, а землю покрывал снег.

Le chant des chiens s'éleva comme un cri contre le silence et le froid glacial.

Песня собак раздалась как крик, заглушающий тишину и пронизывающий холод.

Mais leur hurlement contenait de la tristesse, et non du défi, dans chaque longue note.

Но в каждой их долгой ноте звучала печаль, а не вызов.

Chaque cri plaintif était plein de supplications, le fardeau de la vie elle-mêmc.

Каждый вопль был полон мольбы, бремени самой жизни.

Cette chanson était vieille, plus vieille que les villes et plus vieille que les incendies.

Та песня была старой — старше городов и старше пожаров.

Cette chanson était encore plus ancienne que les voix des hommes.

Эта песня была даже древнее голосов людей.

C'était une chanson du monde des jeunes, quand toutes les chansons étaient tristes.

Это была песня из мира юности, когда все песни были грустными.

La chanson portait la tristesse d'innombrables générations de chiens.

В этой песне звучала печаль бесчисленных поколений собак.

Buck ressentait profondément la mélodie, gémissant de douleur enracinée dans les âges.

Бак глубоко прочувствовал мелодию, стонал от боли, уходящей корнями в века.

Il sanglotait d'un chagrin aussi vieux que le sang sauvage dans ses veines.

Он рыдал от горя, столь же древнего, как и дикая кровь в его жилах.

Le froid, l'obscurité et le mystère ont touché l'âme de Buck.

Холод, темнота и тайна тронули душу Бака.

Cette chanson prouvait à quel point Buck était revenu à ses origines.

Эта песня показала, насколько Бак вернулся к своим истокам.

À travers la neige et les hurlements, il avait trouvé le début de sa propre vie.

Сквозь снег и вой он нашел начало своей жизни.

Sept jours après leur arrivée à Dawson, ils repartent.

Через семь дней после прибытия в Доусон они снова отправились в путь.

L'équipe est descendue de la caserne jusqu'au sentier du Yukon.

Группа высадилась из казарм на Юконской тропе.

Ils ont commencé le voyage de retour vers Dyea et Salt Water.

Они начали обратный путь к Дайе и Солт-Уотеру.

Perrault portait des dépêches encore plus urgentes qu'auparavant.

Перро доставлял депеши еще более срочные, чем прежде.

Il était également saisi par la fierté du sentier et avait pour objectif d'établir un record.

Его также охватила гордость за победу в беге, и он задался целью установить рекорд.

Cette fois, plusieurs avantages étaient du côté de Perrault.

На этот раз на стороне Перро было несколько преимуществ.

Les chiens s'étaient reposés pendant une semaine entière et avaient repris des forces.

Собаки отдыхали целую неделю и восстановили силы.

Le sentier qu'ils avaient ouvert était maintenant damé par d'autres.

Тропа, которую они проложили, теперь была утоптана другими.

À certains endroits, la police avait stocké de la nourriture pour les chiens et les hommes.

В некоторых местах полиция запасала еду как для собак, так и для людей.

Perrault voyageait léger, se déplaçait rapidement et n'avait pas grand-chose pour l'alourdir.

Перро путешествовал налегке, двигался быстро, и ничто его не обременяло.

Ils ont atteint Sixty-Mile, une course de cinquante milles, dès la première nuit.

К первой ночи они достигли «Шестидесятой мили» — забега на пятьдесят миль.

Le deuxième jour, ils se sont précipités sur le Yukon en direction de Pelly.

На второй день они двинулись вверх по Юкону к Пелли.

Mais ces beaux progrès ont été accompagnés de beaucoup de difficultés pour François.

Однако столь значительный прогресс дался Франсуа с большим напряжением.

La rébellion silencieuse de Buck avait brisé la discipline de l'équipe.

Тихий бунт Бака подорвал дисциплину команды.

Ils ne se rassemblaient plus comme une seule bête dans les rênes.

Они больше не действовали сообща, как один зверь под уздцы.

Buck avait conduit d'autres personnes à la défiance par son exemple audacieux.

Бак своим смелым примером побудил других к неповиновению.

L'ordre de Spitz n'a plus été accueilli avec crainte ou respect.

Команды Шпица больше не вызывали страха и уважения.

Les autres ont perdu leur respect pour lui et ont osé résister à son règne.

Остальные утратили благоговение перед ним и осмелились воспротивиться его правлению.

Une nuit, Pike a volé la moitié d'un poisson et l'a mangé sous les yeux de Buck.

Однажды ночью Пайк украл половину рыбы и съел ее на глазах у Бэка.

Une autre nuit, Dub et Joe se sont battus contre Spitz et sont restés impunis.

В другой вечер Даб и Джо подрались со Шпицем и остались безнаказанными.

Même Billee gémissait moins doucement et montrait une nouvelle vivacité.

Даже Билли ныл уже не так сладко и проявил новую резкость.

Buck grognait sur Spitz à chaque fois qu'ils se croisaient.

Бак рычал на Шпица каждый раз, когда их пути пересекались.

L'attitude de Buck devint audacieuse et menaçante, presque comme celle d'un tyran.

Поведение Бака стало дерзким и угрожающим, он стал почти как хулиган.

Il marchait devant Spitz avec une démarche assurée, pleine de menace moqueuse.

Он расхаживал перед Шпицем с развязной походкой, полной насмешливой угрозы.

Cet effondrement de l'ordre s'est également propagé parmi les chiens de traîneau.

Этот крах порядка распространился и на ездовых собак.

Ils se battaient et se disputaient plus que jamais, remplissant le camp de bruit.

Они ссорились и спорили больше, чем когда-либо, наполняя лагерь шумом.

La vie au camp se transformait chaque nuit en un chaos sauvage et hurlant.

Каждую ночь жизнь в лагере превращалась в дикий, воющий хаос.

Seuls Dave et Solleks sont restés stables et concentrés.

Только Дэйв и Соллекс оставались спокойными и сосредоточенными.

Mais même eux sont devenus colériques à cause des bagarres incessantes.

Но даже они стали вспыльчивыми от постоянных драк.

François jurait dans des langues étranges et piétinait de frustration.

Франсуа ругался на странных языках и топал ногами от досады.

Il s'arrachait les cheveux et criait tandis que la neige volait sous ses pieds.

Он рвал на себе волосы и кричал, а снег летел из-под ног.

Son fouet claqua sur le groupe, mais parvint à peine à les maintenir en ligne.

Его кнут щелкал по всей стае, но едва мог удержать их в строю.

Chaque fois qu'il tournait le dos, les combats reprenaient.

Всякий раз, когда он отворачивался, драка возобновлялась.

François a utilisé le fouet pour Spitz, tandis que Buck a dirigé les rebelles.

Франсуа использовал плетку для Шпица, в то время как Бак возглавлял мятежников.

Chacun connaissait le rôle de l'autre, mais Buck évitait tout blâme.

Каждый из них знал роль другого, но Бак избегал любых обвинений.

François n'a jamais surpris Buck en train de provoquer une bagarre ou de se dérober à son travail.

Франсуа ни разу не видел, чтобы Бак затевал драку или уклонялся от работы.

Buck travaillait dur sous le harnais – le travail lui faisait désormais vibrer l'esprit.

Бак усердно трудился в упряжке — теперь этот труд волновал его дух.

Mais il trouvait encore plus de joie à provoquer des bagarres et du chaos dans le camp.

Но еще большую радость он находил, устраивая драки и создавая хаос в лагере.

Un soir, à l'embouchure du Tahkeena, Dub fit sursauter un lapin.

Однажды вечером у устья реки Тахкина Даб спугнул кролика.

Il a raté la prise et le lièvre d'Amérique s'est enfui.

Он промахнулся, и кролик-беляк убежал.

En quelques secondes, toute l'équipe de traîneau s'est lancée à sa poursuite en poussant des cris sauvages.

Через несколько секунд вся упряжка с дикими криками бросилась в погоню.

À proximité, un camp de la police du Nord-Ouest abritait une cinquantaine de chiens huskys.

Неподалеку, в лагере северо-западной полиции, размещалось пятьдесят собак хаски.

Ils se sont joints à la chasse, descendant ensemble la rivière gelée.

Они присоединились к охоте, вместе спускаясь по замерзшей реке.

Le lapin a quitté la rivière et s'est enfui dans le lit d'un ruisseau gelé.

Кролик свернул с реки и побежал вверх по замерзшему руслу ручья.

Le lapin sautait légèrement sur la neige tandis que les chiens peinaient à se frayer un chemin.

Кролик легко скакал по снегу, а собаки пробирались сквозь него.

Buck menait l'énorme meute de soixante chiens dans chaque virage sinueux.

Бак вел огромную стаю из шестидесяти собак по каждому извилистому повороту.

Il avança, bas et impatient, mais ne put gagner du terrain.

Он рвался вперед, пригнувшись и настойчиво, но не мог продвинуться вперед.

Son corps brillait sous la lune pâle à chaque saut puissant.

Его тело мелькало под бледной луной при каждом мощном прыжке.

Devant, le lapin se déplaçait comme un fantôme, silencieux et trop rapide pour être attrapé.

Впереди, словно призрак, двигался кролик, бесшумный и слишком быстрый, чтобы его можно было поймать.

Tous ces vieux instincts – la faim, le frisson – envahirent Buck.

Все те старые инстинкты — голод, острые ощущения — пронзили Бака.

Les humains ressentent parfois cet instinct et sont poussés à chasser avec une arme à feu et des balles.

Иногда люди поддаются этому инстинкту, побуждающему их охотиться с ружьем и пулями.

Mais Buck ressentait ce sentiment à un niveau plus profond et plus personnel.

Но Бак чувствовал это чувство на более глубоком и личном уровне.

Ils ne pouvaient pas ressentir la nature sauvage dans leur sang comme Buck pouvait la ressentir.

Они не могли чувствовать дикость в своей крови так, как ее чувствовал Бак.

Il chassait la viande vivante, prêt à tuer avec ses dents et à goûter le sang.

Он гнался за живым мясом, готовый убивать зубами и пробовать кровь.

Son corps se tendait de joie, voulant se baigner dans la vie rouge et chaude.

Его тело напряглось от радости, желая искупаться в теплой красной жизни.

Une joie étrange marque le point le plus élevé que la vie puisse atteindre.

Странная радость отмечает высшую точку, которой может достичь жизнь.

La sensation d'un pic où les vivants oublient même qu'ils sont en vie.

Ощущение вершины, где живые вообще забывают, что они живы.

Cette joie profonde touche l'artiste perdu dans une inspiration fulgurante.

Эта глубокая радость трогает художника, погруженного в пылающее вдохновение.

Cette joie saisit le soldat qui se bat avec acharnement et n'épargne aucun ennemi.

Эта радость охватывает солдата, который сражается яростно и не щадит врага.

Cette joie s'empara alors de Buck alors qu'il menait la meute dans une faim primitive.

Эта радость теперь принадлежала Бэку, который возглавлял стаю, охваченную первобытным голодом.

Il hurla avec le cri ancien du loup, ravi par la chasse vivante.

Он завыл древним волчьим воем, взволнованный живой погоней.

Buck a puisé dans la partie la plus ancienne de lui-même, perdue dans la nature.

Бак обратился к самой старой части себя, затерянной в дикой природе.

Il a puisé au plus profond de lui-même, au-delà de la mémoire, dans le temps brut et ancien.

Он проник глубоко внутрь себя, за пределы памяти, в сырое, древнее время.

Une vague de vie pure a traversé chaque muscle et chaque tendon.

Волна чистой жизни пронеслась по каждому мускулу и сухожилию.

Chaque saut criait qu'il vivait, qu'il traversait la mort.

Каждый прыжок кричал, что он жив, что он движется сквозь смерть.

Son corps s'élevait joyeusement au-dessus d'une terre calme et froide qui ne bougeait jamais.

Его тело радостно парило над неподвижной, холодной землей, которая никогда не шевелилась.

Spitz est resté froid et rusé, même dans ses moments les plus fous.

Шпиц оставался холодным и хитрым даже в самые дикие моменты.

Il quitta le sentier et traversa un terrain où le ruisseau formait une large courbe.

Он сошел с тропы и пересек землю там, где ручей делал широкий изгиб.

Buck, inconscient de cela, resta sur le chemin sinueux du lapin.

Бак, не подозревая об этом, остался на извилистой тропе кролика.

Puis, alors que Buck tournait un virage, le lapin fantomatique était devant lui.

Затем, когда Бак свернул за поворот, перед ним возник похожий на призрака кролик.

Il vit une deuxième silhouette sauter de la berge devant la proie.

Он увидел, как вторая фигура выпрыгнула из воды впереди добычи.

La silhouette était celle d'un Spitz, atterrissant juste sur le chemin du lapin en fuite.

Это был Шпиц, приземлившийся прямо на пути убегающего кролика.

Le lapin ne pouvait pas se retourner et a rencontré les mâchoires de Spitz en plein vol.

Кролик не смог повернуться и в воздухе встретился с челюстями Шпица.

La colonne vertébrale du lapin se brisa avec un cri aussi aigu que le cri d'un humain mourant.

Позвоночник кролика сломался с криком, таким же резким, как крик умирающего человека.

À ce bruit – la chute de la vie à la mort – la meute hurla fort.

При этом звуке — падении из жизни в смерть — стая громко взвыла.

Un chœur sauvage s'éleva derrière Buck, plein de joie sombre.

Из-за спины Бака раздался дикий хор, полный темного восторга.

Buck n'a émis aucun cri, aucun son, et a chargé directement Spitz.

Бак не издал ни крика, ни звука и бросился прямо на Шпица.

Il a visé la gorge, mais a touché l'épaule à la place.

Он целился в горло, но вместо этого попал в плечо.

Ils dégringolèrent dans la neige molle, leurs corps bloqués dans le combat.

Они падали в рыхлый снег, их тела сцепились в схватке.

Spitz se releva rapidement, comme s'il n'avait jamais été renversé.

Шпиц быстро вскочил, словно его и не сбивали с ног.

Il a entaillé l'épaule de Buck, puis s'est éloigné du combat.

Он полоснул Бэка по плечу, а затем выскочил из драки.

À deux reprises, ses dents claquèrent comme des pièges en acier, ses lèvres se retroussèrent et devinrent féroces.

Дважды его зубы щелкали, словно стальные капканы, губы скривились в гримасе ярости.

Il recula lentement, cherchant un sol ferme sous ses pieds.

Он медленно отступил, ища твердую почву под ногами.

Buck a compris le moment instantanément et pleinement.

Бак понял этот момент мгновенно и полностью.

Le moment était venu ; le combat allait être un combat à mort.

Пришло время; битва должна была стать смертельным сражением.

Les deux chiens tournaient en rond, grognant, les oreilles plates, les yeux plissés.

Две собаки кружили, рыча, прижав уши и прищурив глаза.

Chaque chien attendait que l'autre montre une faiblesse ou fasse un faux pas.

Каждая собака ждала, когда другая проявит слабость или допустит ошибку.

Pour Buck, la scène semblait étrangement connue et profondément ancrée dans ses souvenirs.

Для Бак эта сцена показалась жутко знакомой и глубоко памятной.

Les bois blancs, la terre froide, la bataille au clair de lune.

Белый лес, холодная земля, битва под лунным светом.

Un silence pesant emplissait le pays, profond et contre nature.

Землю наполнила тяжелая тишина, глубокая и неестественная.

Aucun vent ne soufflait, aucune feuille ne bougeait, aucun bruit ne brisait le silence.

Ни ветерка, ни один листок не шелохнулся, ни один звук не нарушил тишину.

Le souffle des chiens s'élevait comme de la fumée dans l'air glacial et calme.

Дыхание собак поднималось, словно дым, в морозном, тихом воздухе.

Le lapin a été depuis longtemps oublié par la meute de bêtes sauvages.

Кролик был давно забыт стаей диких зверей.

Ces loups à moitié apprivoisés se tenaient maintenant immobiles dans un large cercle.

Теперь эти полуприрученные волки стояли неподвижно, образовав широкий круг.

Ils étaient silencieux, seuls leurs yeux brillants révélaient leur faim.

Они молчали, только их горящие глаза выдавали их голод.

Leur souffle s'éleva, regardant le combat final commencer.

Их дыхание поднялось, когда они наблюдали за началом финального боя.

Pour Buck, cette bataille était ancienne et attendue, pas du tout étrange.

Для Бака эта битва была старой и ожидаемой, а вовсе не странной.

C'était comme un souvenir de quelque chose qui devait arriver depuis toujours.

Это было похоже на воспоминание о чем-то, что всегда должно было произойти.

Le Spitz était un chien de combat entraîné, affiné par d'innombrables bagarres sauvages.

Шпиц был обученной бойцовой собакой, закаленной в бесчисленных диких драках.

Du Spitzberg au Canada, il a vaincu de nombreux ennemis.

От Шпицбергена до Канады он одолел множество врагов.

Il était rempli de fureur, mais n'a jamais cédé au contrôle de la rage.

Он был полон ярости, но никогда не позволял себе сдерживать ярость.

Sa passion était vive, mais toujours tempérée par un instinct dur.

Его страсть была острой, но всегда сдерживаемой суровым инстинктом.

Il n'a jamais attaqué jusqu'à ce que sa propre défense soit en place.

Он никогда не нападал, пока не была готова его собственная защита.

Buck a essayé encore et encore d'atteindre le cou vulnérable de Spitz.

Бак снова и снова пытался дотянуться до уязвимой шеи Шпица.

Mais chaque coup était accueilli par un coup des dents acérées de Spitz.

Но каждый удар встречался резким ударом острых зубов Шпица.

Leurs crocs se sont heurtés et les deux chiens ont saigné de leurs lèvres déchirées.

Их клыки столкнулись, и из разорванных губ обеих собак потекла кровь.

Peu importe comment Buck s'est lancé, il n'a pas pu briser la défense.

Как бы Бак ни нападал, он не мог прорвать оборону.

Il devint de plus en plus furieux, se précipitant avec des explosions de puissance sauvages.

Он становился все более яростным, бросаясь вперед с дикими порывами силы.

À maintes reprises, Buck frappait la gorge blanche du Spitz.

Снова и снова Бак наносил удары по белому горлу Шпица.

À chaque fois, Spitz esquivait et riposta avec une morsure tranchante.

Каждый раз Шпиц уклонялся и наносил ответный удар резким укусом.

Buck changea alors de tactique, se précipitant à nouveau comme pour atteindre la gorge.

Затем Бак сменил тактику, снова бросившись вперед, словно целясь в горло.

Mais il s'est retiré au milieu de l'attaque, se tournant pour frapper sur le côté.

Но он отступил в середине атаки, развернувшись, чтобы ударить сбоку.

Il a lancé son épaule sur Spitz, dans le but de le faire tomber.

Он ударил Шпица плечом, намереваясь сбить его с ног.

À chaque fois qu'il essayait, Spitz esquivait et ripostait avec une frappe.

Каждый раз, когда он пытался это сделать, Спиц уклонялся и наносил ответный удар.

L'épaule de Buck était à vif alors que Spitz s'écartait après chaque coup.

Плечо Бака болело, когда Шпиц отскакивал после каждого удара.

Spitz n'avait pas été touché, tandis que Buck saignait de nombreuses blessures.

Шпица не тронули, а вот Бак истекал кровью из-за многочисленных ран.

La respiration de Buck était rapide et lourde, son corps était couvert de sang.

Дыхание Бака стало частым и тяжелым, его тело стало скользким от крови.

Le combat devenait plus brutal à chaque morsure et à chaque charge.

С каждым укусом и атакой драка становилась все более жестокой.

Autour d'eux, soixante chiens silencieux attendaient le premier à tomber.

Вокруг них шестьдесят молчаливых собак ждали, когда упадет первая.

Si un chien tombait, la meute allait mettre fin au combat.

Если бы одна собака упала, стая закончила бы бой.

Spitz vit Buck faiblir et commença à attaquer.

Шпиц увидел, что Бак слабеет, и начал усиливать атаку.

Il a maintenu Buck en déséquilibre, le forçant à lutter pour garder pied.

Он лишил Бака равновесия, заставив его бороться за то, чтобы устоять на ногах.

Un jour, Buck trébucha et tomba, et tous les chiens se relevèrent.

Однажды Бак споткнулся и упал, и все собаки поднялись.

Mais Buck s'est redressé au milieu de sa chute, et tout le monde s'est affalé.

Но Бак выпрямился в середине падения, и все снова опустились на землю.

Buck avait quelque chose de rare : une imagination née d'un instinct profond.

У Бака было нечто редкое — воображение, рожденное глубоким инстинктом.

Il combattait par instinct naturel, mais aussi par ruse.

Он сражался, руководствуясь природным инстинктом, но он также сражался и хитростью.

Il chargea à nouveau comme s'il répétait son tour d'attaque à l'épaule.

Он снова бросился вперед, словно повторяя свой трюк с атакой плечом.

Mais à la dernière seconde, il s'est laissé tomber et a balayé Spitz.

Но в последнюю секунду он снизился и пронесся под Шпицем.

Ses dents se sont bloquées sur la patte avant gauche de Spitz avec un claquement.

Его зубы с грохотом сомкнулись на передней левой ноге Шпица.

Spitz était maintenant instable, son poids reposant sur seulement trois pattes.

Теперь Шпиц стоял неустойчиво, опираясь только на три ноги.

Buck frappa à nouveau, essaya trois fois de le faire tomber.

Бак снова нанес удар, трижды пытался его повалить.

À la quatrième tentative, il a utilisé le même mouvement avec succès.

В четвертой попытке он успешно применил тот же прием.

Cette fois, Buck a réussi à mordre la jambe droite du Spitz.

На этот раз Баку удалось укусить Шпица за правую ногу.

Spitz, bien que paralysé et souffrant, continuait à lutter pour survivre.

Шпиц, хотя и был искалечен и находился в агонии, продолжал бороться за выживание.

Il vit le cercle de huskies se resserrer, la langue tirée, les yeux brillants.

Он увидел, как круг хаски сжался, высунув языки, и сверкнув глазами.

Ils attendaient de le dévorer, comme ils l'avaient fait pour les autres.

Они ждали, чтобы сожрать его, как и других.

Cette fois, il se tenait au centre, vaincu et condamné.

На этот раз он стоял в центре — побежденный и обреченный.

Le chien blanc n'avait désormais plus aucune possibilité de s'échapper.

Теперь у белой собаки не было возможности сбежать.

Buck n'a montré aucune pitié, car la pitié n'avait pas sa place dans la nature.

Бэк не проявил милосердия, ибо милосердие не свойственно дикой природе.

Buck se déplaçait prudemment, se préparant à la charge finale.

Бак двигался осторожно, готовясь к последней атаке.

Le cercle des huskies se referma ; il sentit leur souffle chaud.

Круг хаски сомкнулся; он чувствовал их теплое дыхание.

Ils s'accroupirent, prêts à bondir lorsque le moment viendrait.

Они пригнулись, готовые прыгнуть, когда наступит момент.

Spitz tremblait dans la neige, grognant et changeant de position.

Шпиц дрожал на снегу, рычал и менял позу.

Ses yeux brillaient, ses lèvres se courbaient, ses dents brillaient dans une menace désespérée.

Его глаза сверкали, губы искривились, зубы сверкали в отчаянной угрозе.

Il tituba, essayant toujours de résister à la morsure froide de la mort.

Он пошатнулся, все еще пытаясь удержаться от холодного укуса смерти.

Il avait déjà vu cela auparavant, mais toujours du côté des gagnants.

Он уже видел подобное раньше, но всегда с победившей стороны.

Il était désormais du côté des perdants, des vaincus, de la proie, de la mort.

Теперь он оказался на стороне проигравших; побежденный; добыча; смерть.

Buck tourna en rond pour porter le coup final, le cercle de chiens se rapprochant.

Бэк сделал круг для последнего удара, кольцо собак сомкнулось.

Il pouvait sentir leur souffle chaud, prêt à tuer.

Он чувствовал их горячее дыхание, готовясь к убийству.

Un silence s'installa ; tout était à sa place ; le temps s'était arrêté.

Наступила тишина; все стало на свои места; время остановилось.

Même l'air froid entre eux se figea un dernier instant.

Даже холодный воздух между ними застыл на один последний миг.

Seul Spitz bougea, essayant de retenir sa fin amère.

Только Шпиц пошевелился, пытаясь отсрочить свой горький конец.

Le cercle des chiens se refermait autour de lui, comme l'était son destin.

Круг собак смыкался вокруг него, как и его судьба.

Il était désespéré maintenant, sachant ce qui allait se passer.

Теперь он был в отчаянии, зная, что сейчас произойдет.

Buck bondit, épaule contre épaule une dernière fois.

Бак прыгнул вперед, столкнувшись плечом с плечом в последний раз.

Les chiens se sont précipités en avant, couvrant Spitz dans l'obscurité neigeuse.

Собаки ринулись вперед, скрывая Шпица в снежной темноте.

Buck regardait, debout, le vainqueur dans un monde sauvage.

Бак наблюдал, стоя во весь рост; победитель в диком мире.

La bête primordiale dominante avait fait sa proie, et c'était bien.

Доминирующий первобытный зверь совершил свою добычу, и это было хорошо.

Celui qui a gagné la maîtrise
Тот, кто достиг мастерства

« Hein ? Qu'est-ce que j'ai dit ? Je dis vrai quand je dis que Buck est un démon. »

«Э? Что я сказал? Я говорю правду, когда говорю, что Бак — дьявол».

François a dit cela le lendemain matin après avoir constaté la disparition de Spitz.

Франсуа сказал это на следующее утро, обнаружив пропажу Шпица.

Buck se tenait là, couvert de blessures dues au combat acharné.

Бак стоял там, покрытый ранами, полученными в жестокой схватке.

François tira Buck près du feu et lui montra les blessures.

Франсуа подтащил Бака к огню и указал на раны.

« Ce Spitz s'est battu comme le Devik », dit Perrault en observant les profondes entailles.

«Этот Шпиц сражался как Девик», — сказал Перро, разглядывая глубокие раны.

« Et ce Buck s'est battu comme deux diables », répondit aussitôt François.

«И этот Бак дрался как два дьявола», — тут же ответил Франсуа.

« Maintenant, nous allons faire du bon temps ; plus de Spitz, plus de problèmes. »

«Теперь мы отлично проведем время; больше никаких шпицев, никаких проблем».

Perrault préparait le matériel et chargeait le traîneau avec soin.

Перро бережно упаковывал вещи и грузил сани.

François a attelé les chiens en prévision de la course du jour.

Франсуа запряг собак, готовясь к дневному забегу.

Buck a trotté directement vers la position de tête autrefois détenue par Spitz.

Бак рысью помчался прямо на лидирующую позицию, которую когда-то занимал Шпиц.

Mais François, sans s'en apercevoir, conduisit Solleks vers l'avant.

Но Франсуа, не заметив этого, повел Соллекса вперед.

Aux yeux de François, Solleks était désormais le meilleur chien de tête.

По мнению Франсуа, Соллекс теперь был лучшим вожаком.

Buck se jeta sur Solleks avec fureur et le repoussa en signe de protestation.

Бак в ярости набросился на Соллекса и в знак протеста отбросил его назад.

Il se tenait là où Spitz s'était autrefois tenu, revendiquant la position de leader.

Он встал там, где когда-то стоял Шпиц, заняв лидирующую позицию.

« Hein ? Hein ? » s'écria François en se frappant les cuisses d'un air amusé.

«А? А?» — воскликнул Франсуа, хлопая себя по бедрам от удовольствия.

« Regardez Buck, il a tué Spitz, et maintenant il veut prendre le poste ! »

«Посмотрите на Бака — он убил Шпица, теперь он хочет занять его место!»

« Va-t'en, Chook ! » cria-t-il, essayant de chasser Buck.

«Уходи, Чук!» — крикнул он, пытаясь отогнать Бака.

Mais Buck refusa de bouger et resta ferme dans la neige.

Но Бак отказался двигаться и твердо стоял на снегу.

François attrapa Buck par la peau du cou et le tira sur le côté.

Франсуа схватил Бака за шиворот и оттащил его в сторону.

Buck grogna bas et menaçant mais n'attaqua pas.

Бэк тихо и угрожающе зарычал, но не напал.

François a remis Solleks en tête, tentant de régler le différend

Франсуа вернул Соллексу лидерство, пытаясь урегулировать спор

Le vieux chien avait peur de Buck et ne voulait pas rester.

Старый пес проявил страх перед Бак и не захотел оставаться.

Quand François lui tourna le dos, Buck chassa à nouveau Solleks.

Когда Франсуа отвернулся, Бак снова выгнал Соллекса.

Solleks n'a pas résisté et s'est discrètement écarté une fois de plus.

Соллекс не сопротивлялся и снова тихо отошел в сторону.

François s'est mis en colère et a crié : « Par Dieu, je te répare ! »

Франсуа разозлился и закричал: «Клянусь Богом, я тебя прикончу!»

Il s'approcha de Buck en tenant une lourde massue à la main.

Он подошел к Бэку, держа в руке тяжелую дубинку.

Buck se souvenait bien de l'homme au pull rouge.

Бак хорошо помнил человека в красном свитере.

Il recula lentement, observant François, mais grognant profondément.

Он медленно отступил, наблюдая за Франсуа и громко рыча.

Il ne s'est pas précipité en arrière, même lorsque Solleks s'est levé à sa place.

Он не бросился назад, даже когда Соллекс встал на его место.

Buck tourna en rond juste hors de portée, grognant de fureur et de protestation.

Бак кружил где-то за пределами досягаемости, рыча от ярости и протеста.

Il gardait les yeux fixés sur le gourdin, prêt à esquiver si François lançait.

Он не сводил глаз с клюшки, готовый увернуться, если Франсуа сделает бросок.

Il était devenu sage et prudent quant aux manières des hommes armés.

Он стал мудрее и осторожнее в обращении с людьми, имеющими оружие.

François abandonna et rappela Buck à son ancienne place.

Франсуа сдался и снова позвал Бэка на его прежнее место.

Mais Buck recula prudemment, refusant d'obéir à l'ordre.

Но Бак осторожно отступил, отказавшись подчиниться приказу.

François le suivit, mais Buck ne recula que de quelques pas supplémentaires.

Франсуа последовал за ним, но Бак отступил лишь на несколько шагов.

Après un certain temps, François jeta l'arme par frustration.

Через некоторое время Франсуа в отчаянии бросил оружие.

Il pensait que Buck craignait d'être battu et qu'il allait venir tranquillement.

Он думал, что Бак боится побоев и собирается уйти тихо.

Mais Buck n'évitait pas la punition : il se battait pour son rang.

Но Бак не избегал наказания — он боролся за звание.

Il avait gagné la place de chien de tête grâce à un combat à mort.

Он заслужил место вожака, сражаясь не на жизнь, а на смерть.

il n'allait pas se contenter de moins que d'être le leader.

он не собирался соглашаться ни на что меньшее, чем быть лидером.

Perrault a participé à la poursuite pour aider à attraper le Buck rebelle.

Перро принял участие в погоне, чтобы помочь поймать мятежного Бака.

Ensemble, ils l'ont fait courir dans le camp pendant près d'une heure.

Вместе они почти час водили его по лагерю.

Ils lui lancèrent des coups de massue, mais Buck les esquiva habilement.

Они бросали в него дубинки, но Бак умело уклонялся от каждого удара.

Ils l'ont maudit, lui, ses ancêtres, ses descendants et chaque cheveu de sa personne.

Они прокляли его, его предков, его потомков и каждый волос на нем.

Mais Buck se contenta de gronder en retour et resta hors de leur portée.

Но Бак только зарычал в ответ и держался вне досягаемости.

Il n'a jamais essayé de s'enfuir mais a délibérément tourné autour du camp.

Он никогда не пытался убежать, а намеренно кружил вокруг лагеря.

Il a clairement fait savoir qu'il obéirait une fois qu'ils lui auraient donné ce qu'il voulait.

Он ясно дал понять, что подчинится, как только ему дадут то, что он хочет.

François s'est finalement assis et s'est gratté la tête avec frustration.

Наконец Франсуа сел и в отчаянии почесал голову.

Perrault consulta sa montre, jura et marmonna à propos du temps perdu.

Перро посмотрел на часы, выругался и пробормотал что-то о потерянном времени.

Une heure s'était déjà écoulée alors qu'ils auraient dû être sur la piste.

Прошел уже час, когда они должны были выйти на тропу.

François haussa les épaules d'un air penaud en direction du coursier, qui soupira de défaite.

Франсуа смущенно пожал плечами, глядя на курьера, который вздохнул, признавая свое поражение.

François se dirigea alors vers Solleks et appela Buck une fois de plus.

Затем Франсуа подошел к Соллексу и еще раз окликнул Бака.

Buck rit comme rit un chien, mais garda une distance prudente.

Бак рассмеялся, как собака, но сохранил осторожное расстояние.

François retira le harnais de Solleks et le remit à sa place.

Франсуа снял с Соллекса упряжь и вернул его на место.

L'équipe de traîneau était entièrement harnachée, avec seulement une place libre.

Упряжка саней была полностью запряжена, и только одно место оставалось свободным.

La position de tête est restée vide, clairement destinée à Buck seul.

Лидирующая позиция осталась пустой, явно предназначенной для одного Бака.

François appela à nouveau, et à nouveau Buck rit et tint bon.

Франсуа снова позвал, и снова Бак рассмеялся и остался стоять на месте.

« Jetez le gourdin», ordonna Perrault sans hésitation.

«Бросай дубинку», — не колеблясь, приказал Перро.

François obéit et Buck trotta immédiatement en avant, fièrement.

Франсуа повиновался, и Бак тут же гордо потрусил вперед.

Il rit triomphalement et prit la tête.

Он торжествующе рассмеялся и вышел на лидирующую позицию.

François a sécurisé ses traces et le traîneau a été détaché.

Франсуа закрепил постромки, и сани отвязались.

Les deux hommes couraient côte à côte tandis que l'équipe s'engageait sur le sentier de la rivière.

Оба мужчины бежали рядом, пока команда мчалась по речной тропе.

François avait une haute opinion des « deux diables » de Buck,

Франсуа был высокого мнения о «двух дьяволах» Бэка,

mais il s'est vite rendu compte qu'il avait en fait sous-estimé le chien.

но вскоре он понял, что на самом деле недооценил собаку.

Buck a rapidement pris le leadership et a fait preuve d'excellence.

Бак быстро взял на себя руководство и проявил себя превосходно.

En termes de jugement, de réflexion rapide et d'action, Buck a surpassé Spitz.

В рассудительности, быстроте мышления и действиях Бак превзошел Шпица.

François n'avait jamais vu un chien égal à celui que Buck présentait maintenant.

Франсуа никогда не видел собаку, подобную той, которую сейчас демонстрировал Бак.

Mais Buck excellait vraiment dans l'art de faire respecter l'ordre et d'imposer le respect.

Но Бак действительно преуспел в поддержании порядка и завоевании уважения.

Dave et Solleks ont accepté le changement sans inquiétude ni protestation.

Дэйв и Соллекс приняли изменения без беспокойства или протеста.

Ils se concentraient uniquement sur le travail et tiraient fort sur les rênes.

Они сосредоточились только на работе и на том, чтобы крепко держать поводья.

Peu leur importait de savoir qui menait, tant que le traîneau continuait d'avancer.

Их мало заботило, кто идет впереди, лишь бы сани продолжали движение.

Billee, la joyeuse, aurait pu diriger pour autant qu'ils s'en soucient.

Билли, жизнерадостный парень, мог бы быть лидером, если бы им было все равно.

Ce qui comptait pour eux, c'était la paix et l'ordre dans les rangs.

Для них важен был мир и порядок в рядах.

Le reste de l'équipe était devenu indiscipliné pendant le déclin de Spitz.

Остальная часть команды стала неуправляемой из-за упадка Шпица.

Ils furent choqués lorsque Buck les ramena immédiatement à l'ordre.

Они были шокированы, когда Бак немедленно призвал их к порядку.

Pike avait toujours été paresseux et traînait les pieds derrière Buck.

Пайк всегда был ленивым и еле волочил ноги за Баком.

Mais maintenant, il a été sévèrement discipliné par la nouvelle direction.

Но теперь новое руководство приняло жесткие меры дисциплинарного воздействия.

Et il a rapidement appris à faire sa part dans l'équipe.

И он быстро научился вносить свой вклад в команду.

À la fin de la journée, Pike avait travaillé plus dur que jamais.

К концу дня Пайк работал усерднее, чем когда-либо прежде.

Cette nuit-là, au camp, Joe, le chien aigri, fut finalement maîtrisé.

В ту ночь в лагере Джо, ворчливый пес, наконец-то был усмирен.

Spitz n'avait pas réussi à le discipliner, mais Buck n'avait pas échoué.

Шпиц не сумел его дисциплинировать, но Бак не подвел.

Grâce à son poids plus important, Buck a vaincu Joe en quelques secondes.

Используя свой больший вес, Бак за считанные секунды одолел Джо.

Il a mordu et battu Joe jusqu'à ce qu'il gémisse et cesse de résister.

Он кусал и избивал Джо до тех пор, пока тот не заскулил и не перестал сопротивляться.

Toute l'équipe s'est améliorée à partir de ce moment-là.

С этого момента вся команда пошла на поправку.

Les chiens ont retrouvé leur ancienne unité et leur discipline.

Собаки вновь обрели прежнее единство и дисциплину.

À Rink Rapids, deux nouveaux huskies indigènes, Teek et Koona, nous ont rejoint.

В Rink Rapids к ним присоединились две новые местные лайки — Тик и Куна.

La rapidité avec laquelle Buck les dressa étonna même François.

Быстрота, с которой Бак их обучил, удивила даже Франсуа.

« Il n'y a jamais eu de chien comme ce Buck ! » s'écria-t-il avec stupéfaction.

«Никогда не было такой собаки, как этот Бак!» — воскликнул он в изумлении.

« Non, jamais ! Il vaut mille dollars, bon sang ! »

«Нет, никогда! Он стоит тысячу долларов, ей-богу!»

« Hein ? Qu'en dis-tu, Perrault ? » demanda-t-il avec fierté.

«А? Что ты скажешь, Перро?» — спросил он с гордостью.

Perrault hocha la tête en signe d'accord et vérifia ses notes.

Перро кивнул в знак согласия и проверил свои записи.

Nous sommes déjà en avance sur le calendrier et gagnons chaque jour davantage.

Мы уже опережаем график и добиваемся большего с каждым днем.

Le sentier était dur et lisse, sans neige fraîche.

Тропа была укатанной и ровной, без свежего снега.

Le froid était constant, oscillant autour de cinquante degrés en dessous de zéro.

Мороз был устойчивым, температура держалась на отметке в пятьдесят градусов ниже нуля.

Les hommes montaient et couraient à tour de rôle pour se réchauffer et gagner du temps.

Мужчины по очереди ехали и бежали, чтобы согреться и выиграть время.

Les chiens couraient vite avec peu d'arrêts, poussant toujours vers l'avant.

Собаки бежали быстро, почти не останавливаясь, все время устремляясь вперед.

La rivière Thirty Mile était en grande partie gelée et facile à traverser.

Река Тридцатая Миля почти полностью замерзла, и ее было легко пересечь.

Ils sont sortis en un jour, ce qui leur avait pris dix jours pour venir.

Они ушли за один день, хотя на подготовку у них ушло десять дней.

Ils ont parcouru une distance de soixante milles du lac Le Barge jusqu'à White Horse.

Они совершили шестидесятимильный рывок от озера Ле-Барж до Уайт-Хорс.

À travers les lacs Marsh, Tagish et Bennett, ils se déplaçaient incroyablement vite.

Через озера Марш, Тагиш и Беннетт они двигались невероятно быстро.

L'homme qui courait était tiré derrière le traîneau par une corde.

Бегущий человек тащил сани на веревке.

La dernière nuit de la deuxième semaine, ils sont arrivés à destination.

В последний вечер второй недели они добрались до места назначения.

Ils avaient atteint ensemble le sommet du col White.

Вместе они достигли вершины Уайт-Пасс.

Ils sont descendus au niveau de la mer avec les lumières de Skaguay en dessous d'eux.

Они снизились до уровня моря, а огни Скагуая остались внизу.

Il s'agissait d'une course record à travers des kilomètres de nature froide et sauvage.

Это был рекордный забег по многокилометровой холодной пустыне.

Pendant quatorze jours d'affilée, ils ont parcouru en moyenne quarante miles.

В течение четырнадцати дней подряд они в среднем проходили по сорок миль.

À Skaguay, Perrault et François transportaient des marchandises à travers la ville.

В Скагуае Перро и Франсуа перевозили грузы по городу.

Ils ont été acclamés et ont reçu de nombreuses boissons de la part d'une foule admirative.

Восхищенная толпа приветствовала их и предложила им множество напитков.

Les chasseurs de chiens et les ouvriers se sont rassemblés autour du célèbre attelage de chiens.

Охотники за собаками и рабочие собрались вокруг знаменитой собачьей команды.

Puis les hors-la-loi de l'Ouest arrivèrent en ville et subirent une violente défaite.

Затем в город пришли западные преступники и потерпели жестокое поражение.

Les gens ont vite oublié l'équipe et se sont concentrés sur un nouveau drame.

Люди вскоре забыли о команде и сосредоточились на новой драме.

Puis sont arrivées les nouvelles commandes qui ont tout changé d'un coup.

Затем пришли новые приказы, которые сразу все изменили.

François appela Buck à lui et le serra dans ses bras avec une fierté larmoyante.

Франсуа подозвал к себе Бэка и обнял его со слезами гордости.

Ce moment fut la dernière fois que Buck revit François.

В этот момент Бак в последний раз видел Франсуа.

Comme beaucoup d'hommes avant eux, François et Perrault étaient tous deux partis.

Как и многие другие мужчины до него, Франсуа и Перро ушли из жизни.

Un métis écossais a pris en charge Buck et ses coéquipiers de chiens de traîneau.

Шотландский метис взял под опеку Бака и его товарищей по упряжке.

Avec une douzaine d'autres équipes de chiens, ils sont retournés par le sentier jusqu'à Dawson.

Вместе с дюжиной других собачьих упряжек они вернулись по тропе в Доусон.

Ce n'était plus une course rapide, juste un travail pénible avec une lourde charge chaque jour.

Теперь это был уже не быстрый бег, а просто тяжелый труд с тяжелым грузом каждый день.

C'était le train postal qui apportait des nouvelles aux chercheurs d'or près du pôle.

Это был почтовый поезд, доставляющий вести охотникам за золотом, находящимся у полюса.

Buck n'aimait pas le travail mais le supportait bien, étant fier de ses efforts.

Баку эта работа не нравилась, но он хорошо ее переносил, гордясь своими усилиями.

Comme Dave et Solleks, Buck a fait preuve de dévouement dans chaque tâche quotidienne.

Подобно Дэйву и Соллексу, Бак проявлял преданность каждому ежедневному заданию.

Il s'est assuré que chacun de ses coéquipiers fasse sa part du travail.

Он следил за тем, чтобы каждый из его товарищей по команде выполнял свою часть работы.

La vie sur les sentiers est devenue ennuyeuse, répétée avec la précision d'une machine.

Жизнь на тропе стала скучной и повторялась с точностью машины.

Chaque jour était le même, un matin se fondant dans le suivant.

Каждый день был похож на предыдущий, одно утро сменялось другим.

À la même heure, les cuisiniers se levèrent pour allumer des feux et préparer la nourriture.

В тот же час встали повара, чтобы развести костры и приготовить еду.

Après le petit-déjeuner, certains quittèrent le camp tandis que d'autres attelèrent les chiens.

После завтрака некоторые покинули лагерь, а другие запрягли собак.

Ils ont pris la route avant que le faible avertissement de l'aube ne touche le ciel.

Они отправились в путь еще до того, как на небе забрезжили первые проблески рассвета.

La nuit, ils s'arrêtaient pour camper, chaque homme ayant une tâche précise.

Ночью они остановились, чтобы разбить лагерь, и у каждого человека была определенная обязанность.

Certains ont monté les tentes, d'autres ont coupé du bois de chauffage et ramassé des branches de pin.

Одни ставили палатки, другие рубили дрова и собирали сосновые ветки.

De l'eau ou de la glace étaient ramenées aux cuisiniers pour le repas du soir.

Воду или лед приносили поварам для вечернего приема пищи.

Les chiens ont été nourris et c'était le meilleur moment de la journée pour eux.

Собак покормили, и для них это была лучшая часть дня.

Après avoir mangé du poisson, les chiens se sont détendus et se sont allongés près du feu.

Поев рыбы, собаки расслабились и расположились возле костра.

Il y avait une centaine d'autres chiens dans le convoi avec lesquels se mêler.

В колонне было еще около сотни собак, с которыми можно было пообщаться.

Beaucoup de ces chiens étaient féroces et prompts à se battre sans prévenir.

Многие из этих собак были свирепы и бросались в драку без предупреждения.

Mais après trois victoires, Buck a maîtrisé même les combattants les plus féroces.

Но после трех побед Бак одолел даже самых свирепых бойцов.

Maintenant, quand Buck grogna et montra ses dents, ils s'écartèrent.

Теперь, когда Бак зарычал и оскалил зубы, они отступили в сторону.

Mais le plus beau dans tout ça, c'est que Buck aimait s'allonger près du feu de camp vacillant.

Возможно, больше всего Бак нравилось лежать у мерцающего костра.

Il s'accroupit, les pattes arrière repliées et les pattes avant tendues vers l'avant.

Он присел, поджав задние ноги и вытянув передние вперед.

Sa tête était levée tandis qu'il cligna doucement des yeux devant les flammes rougeoyantes.

Он поднял голову и тихонько моргнул, глядя на яркое пламя.

Parfois, il se souvenait de la grande maison du juge Miller à Santa Clara.

Иногда он вспоминал большой дом судьи Миллера в Санта-Кларе.

Il pensait à la piscine en ciment, à Ysabel et au carlin appelé Toots.

Он подумал о цементном бассейне, об Изабель и мопсе по кличке Тутс.

Mais le plus souvent, il se souvenait du gourdin de l'homme au pull rouge.

Но чаще всего он вспоминал человека в красном свитере с дубинкой.

Il se souvenait de la mort de Curly et de sa bataille acharnée contre Spitz.

Он вспомнил смерть Кёрли и его жестокую битву со Шпицем.

Il se souvenait aussi des bons plats qu'il avait mangés ou dont il rêvait encore.

Он также вспомнил вкусную еду, которую он ел или о которой все еще мечтал.

Buck n'avait pas le mal du pays : la vallée chaude était lointaine et irréelle.

Бак не тосковал по дому — теплая долина была далекой и нереальной.

Les souvenirs de Californie n'avaient plus vraiment d'influence sur lui.

Воспоминания о Калифорнии больше не имели над ним никакого влияния.

Plus forts que la mémoire étaient les instincts profondément ancrés dans sa lignée.

Инстинкты, глубоко укоренившиеся в его роду, были сильнее памяти.

Les habitudes autrefois perdues étaient revenues, ravivées par le sentier et la nature sauvage.

Вернулись некогда утраченные привычки, возрожденные тропой и дикой природой.

Tandis que Buck regardait la lumière du feu, cela devenait parfois autre chose.

Когда Бак смотрел на свет костра, он порой становился чем-то другим.

Il vit à la lueur du feu un autre feu, plus vieux et plus profond que celui-ci.

В свете костра он увидел еще один огонь, более старый и глубокий, чем нынешний.

À côté de cet autre feu se tenait accroupi un homme qui ne ressemblait pas au cuisinier métis.

Возле другого костра присел человек, непохожий на повара-полукровку.

Cette figurine avait des jambes courtes, de longs bras et des muscles durs et noués.

У этой фигуры были короткие ноги, длинные руки и крепкие, узловатые мышцы.

Ses cheveux étaient longs et emmêlés, tombant en arrière à partir des yeux.

Волосы у него были длинные и спутанные, зачесанные назад от глаз.

Il émit des sons étranges et regarda l'obscurité avec peur.

Он издавал странные звуки и со страхом смотрел в темноту.

Il tenait une massue en pierre basse, fermement serrée dans sa longue main rugueuse.

Он держал каменную дубинку низко, крепко сжимая ее в своей длинной грубой руке.

L'homme portait peu de vêtements ; juste une peau carbonisée qui pendait dans son dos.

На мужчине было мало одежды: только обугленная кожа свисала со спины.

Son corps était couvert de poils épais sur les bras, la poitrine et les cuisses.

Его тело было покрыто густыми волосами на руках, груди и бедрах.

Certaines parties des cheveux étaient emmêlées en plaques de fourrure rugueuse.

Некоторые части волос спутались в клочья грубой шерсти.

Il ne se tenait pas droit mais penché en avant des hanches jusqu'aux genoux.

Он не стоял прямо, а наклонился вперед от бедер до колен.

Ses pas étaient élastiques et félins, comme s'il était toujours prêt à bondir.

Его шаги были пружинистыми и кошачьими, словно он всегда был готов к прыжку.

Il y avait une vive vigilance, comme s'il vivait dans une peur constante.

Он чувствовал острую настороженность, как будто жил в постоянном страхе.

Cet homme ancien semblait s'attendre au danger, que le danger soit perçu ou non.

Этот древний человек, казалось, ожидал опасности, независимо от того, была ли она заметна или нет.

Parfois, l'homme poilu dormait près du feu, la tête entre les jambes.

Иногда волосатый человек спал у огня, засунув голову между ног.

Ses coudes reposaient sur ses genoux, ses mains jointes au-dessus de sa tête.

Его локти опирались на колени, руки были сложены над головой.

Comme un chien, il utilisait ses bras velus pour se débarrasser de la pluie qui tombait.

Как собака, он использовал свои волосатые руки, чтобы защититься от падающего дождя.

Au-delà de la lumière du feu, Buck vit deux charbons jumeaux briller dans l'obscurité.

За светом костра Бак увидел два светящихся в темноте угля.

Toujours deux par deux, ils étaient les yeux des bêtes de proie traquantes.

Всегда попарно, они были глазами преследующих их хищников.

Il entendit des corps s'écraser à travers les broussailles et des bruits se faire entendre dans la nuit.

Он слышал, как сквозь кусты пробираются тела, и какие-то звуки раздавались в ночи.

Allongé sur la rive du Yukon, clignant des yeux, Buck rêvait près du feu.

Лежа на берегу Юкона и моргая, Бак мечтал у костра.

Les images et les sons de ce monde sauvage lui faisaient dresser les cheveux sur la tête.

Виды и звуки этого дикого мира заставили его волосы встать дыбом.

La fourrure s'élevait le long de son dos, de ses épaules et de son cou.

Мех поднялся по его спине, плечам и шее.

Il gémissait doucement ou émettait un grognement sourd au plus profond de sa poitrine.

Он тихонько скулил или издавал низкий рык глубоко в груди.

Alors le cuisinier métis cria : « Hé, toi Buck, réveille-toi ! »

И тут повар-метис крикнул: «Эй, Бак, просыпайся!»

Le monde des rêves a disparu et la vraie vie est revenue aux yeux de Buck.

Мир грёз исчез, и в глазах Бака вновь заиграла реальная жизнь.

Il allait se lever, s'étirer et bâiller, comme s'il venait de se réveiller d'une sieste.

Он собирался встать, потянуться и зевнуть, как будто проснулся.

Le voyage était difficile, avec le traîneau postal qui traînait derrière eux.

Путешествие было тяжелым, почтовые сани тащились за ними.

Les lourdes charges et le travail pénible épuisaient les chiens à chaque longue journée.

Тяжелые грузы и тяжелая работа изнуряли собак каждый долгий день.

Ils arrivèrent à Dawson maigres, fatigués et ayant besoin de plus d'une semaine de repos.

Они добрались до Доусона истощенными, уставшими и нуждавшимися в недельном отдыхе.

Mais seulement deux jours plus tard, ils repartaient sur le Yukon.

Но всего через два дня они снова двинулись вниз по Юкону.

Ils étaient chargés de lettres supplémentaires destinées au monde extérieur.

Они были загружены письмами, предназначенными для внешнего мира.

Les chiens étaient épuisés et les hommes se plaignaient constamment.

Собаки были измотаны, а люди постоянно жаловались.

La neige tombait tous les jours, ramollissant le sentier et ralentissant les traîneaux.

Снег падал каждый день, размывая тропу и замедляя движение саней.

Cela a rendu la traction plus difficile et a entraîné plus de traînée sur les patins.

Это приводило к более сильному натяжению и большему сопротивлению полозьев.

Malgré cela, les pilotes étaient justes et se souciaient de leurs équipes.

Несмотря на это, гонщики были справедливы и заботились о своих командах.

Chaque nuit, les chiens étaient nourris avant que les hommes ne puissent manger.

Каждый вечер собак кормили до того, как приступать к еде получали мужчины.

Aucun homme ne dormait avant de vérifier les pattes de son propre chien.

Ни один человек не ложится спать, не проверив лапы своей собаки.

Cependant, les chiens s'affaiblissaient à mesure que les kilomètres s'écoulaient sur leur corps.

Тем не менее, собаки слабели по мере того, как мили изнуряли их.

Ils avaient parcouru mille huit cents kilomètres pendant l'hiver.

За зиму они прошли тысячу восемьсот миль.

Ils ont tiré des traîneaux sur chaque kilomètre de cette distance brutale.

Они тащили сани через каждую милю этого сурового расстояния.

Même les chiens de traîneau les plus robustes ressentent de la tension après tant de kilomètres.

Даже самые выносливые ездовые собаки чувствуют усталость после стольких миль.

Buck a tenu bon, a permis à son équipe de travailler et a maintenu la discipline.

Бак держался, заставлял свою команду работать и поддерживал дисциплину.

Mais Buck était fatigué, tout comme les autres pendant le long voyage.

Но Бак устал, как и все остальные, проделавшие долгий путь.

Billee gémissait et pleurait dans son sommeil chaque nuit sans faute.

Билли каждую ночь скулил и плакал во сне.

Joe devint encore plus amer et Solleks resta froid et distant.

Джо стал еще более озлобленным, а Соллекс оставался холодным и отстраненным.

Mais c'est Dave qui a le plus souffert de toute l'équipe.

Но больше всех из всей команды пострадал Дэйв.

Quelque chose n'allait pas en lui, même si personne ne savait quoi.

Что-то внутри него пошло не так, хотя никто не знал, что именно.

Il est devenu de plus en plus maussade et s'en est pris aux autres avec une colère croissante.

Он стал более угрюмым и с нарастающим гневом огрызался на других.

Chaque nuit, il se rendait directement à son nid, attendant d'être nourri.

Каждую ночь он шел прямо в свое гнездо, ожидая, когда его покормят.

Une fois tombé, Dave ne s'est pas relevé avant le matin.

Оказавшись внизу, Дэйв не вставал до утра.

Sur les rênes, des secousses ou des sursauts brusques le faisaient crier de douleur.

Внезапные рывки или толчки вожжей заставляли его кричать от боли.

Son chauffeur a recherché la cause du sinistre, mais n'a constaté aucune blessure.

Его водитель искал причину, но не обнаружил у него никаких травм.

Tous les conducteurs ont commencé à regarder Dave et ont discuté de son cas.

Все водители стали наблюдать за Дэйвом и обсуждать его случай.

Ils ont discuté pendant les repas et pendant leur dernière cigarette de la journée.

Они разговаривали за едой и во время последней за день выкуренной сигареты.

Une nuit, ils ont tenu une réunion et ont amené Dave au feu.

Однажды ночью они провели собрание и привели Дэйва к огню.

Ils pressèrent et sondèrent son corps, et il cria souvent.

Они надавливали и ощупывали его тело, и он часто кричал.

De toute évidence, quelque chose n'allait pas, même si aucun os ne semblait cassé.

Очевидно, что-то было не так, хотя кости, похоже, не были сломаны.

Au moment où ils atteignirent Cassiar Bar, Dave était en train de tomber.

К тому времени, как они добрались до бара «Кассиар», Дэйв начал падать.

Le métis écossais a appelé à la fin et a retiré Dave de l'équipe.

Шотландский полукровка объявил остановку и исключил Дэйва из команды.

Il a attaché Solleks à la place de Dave, le plus près de l'avant du traîneau.

Он пристегнул «Соллекс» на место Дэйва, ближе к передней части саней.

Il avait l'intention de laisser Dave se reposer et courir librement derrière le traîneau en mouvement.

Он хотел дать Дэйву отдохнуть и свободно побежать за движущимися санями.

Mais même malade, Dave détestait être privé du travail qu'il avait occupé.

Но даже будучи больным, Дэйв ненавидел, когда его лишали работы, которой он владел.

Il grogna et gémit tandis que les rênes étaient retirées de son corps.

Он зарычал и заскулил, когда поводья выдернули из его тела.

Quand il vit Solleks à sa place, il pleura de douleur.

Когда он увидел Соллекса на своем месте, он заплакал от разрыва сердца.

La fierté du travail sur les sentiers était profonde chez Dave, même à l'approche de la mort.

Гордость за пройденный путь не покидала Дэйва даже перед лицом приближающейся смерти.

Alors que le traîneau se déplaçait, Dave pataugeait dans la neige molle près du sentier.

Пока сани двигались, Дэйв барахтался в рыхлом снегу возле тропы.

Il a attaqué Solleks, le mordant et le poussant du côté du traîneau.

Он напал на Соллекса, кусая и отталкивая его от саней.

Dave a essayé de sauter dans le harnais et de récupérer sa place de travail.

Дэйв попытался запрыгнуть в упряжь и вернуть себе рабочее место.

Il hurlait, gémissait et pleurait, déchiré entre la douleur et la fierté du travail.

Он визжал, скулил и плакал, разрываясь между болью и гордостью за роды.

Le métis a utilisé son fouet pour essayer de chasser Dave de l'équipe.

Метис использовал свой хлыст, чтобы попытаться отогнать Дэйва от команды.

Mais Dave ignora le coup de fouet, et l'homme ne put pas le frapper plus fort.

Но Дэйв проигнорировал удар, и мужчина не смог ударить его сильнее.

Dave a refusé le chemin le plus facile derrière le traîneau, où la neige était tassée.

Дэйв отказался от более легкого пути за санями, где был утрамбованный снег.

Au lieu de cela, il se débattait dans la neige profonde à côté du sentier, dans la misère.

Вместо этого он в отчаянии барахтался в глубоком снегу рядом с тропой.

Finalement, Dave s'est effondré, allongé dans la neige et hurlant de douleur.

В конце концов Дэйв рухнул на снег и завыл от боли.

Il cria tandis que le long train de traîneaux le dépassait un par un.

Он вскрикнул, когда длинный караван саней проезжал мимо него один за другим.

Pourtant, avec ce qu'il lui restait de force, il se leva et trébucha après eux.

Но, собрав последние силы, он поднялся и, спотыкаясь, пошёл за ними.

Il l'a rattrapé lorsque le train s'est arrêté à nouveau et a retrouvé son vieux traîneau.

Он догнал его, когда поезд снова остановился, и нашел свои старые сани.

Il a dépassé les autres équipes et s'est retrouvé à nouveau aux côtés de Solleks.

Он протиснулся мимо других команд и снова встал рядом с Соллексом.

Alors que le conducteur s'arrêtait pour allumer sa pipe, Dave saisit sa dernière chance.

Пока водитель останавливался, чтобы раскурить трубку, Дэйв воспользовался своим последним шансом.

Lorsque le chauffeur est revenu et a crié, l'équipe n'a pas avancé.

Когда водитель вернулся и крикнул, команда не двинулась дальше.

Les chiens avaient tourné la tête, déconcertés par l'arrêt soudain.

Собаки повернули головы, сбитые с толку внезапной остановкой.

Le conducteur était également choqué : le traîneau n'avait pas avancé d'un pouce.

Водитель тоже был шокирован — сани не сдвинулись ни на дюйм вперед.

Il a appelé les autres pour qu'ils viennent voir ce qui s'était passé.

Он позвал остальных посмотреть, что случилось.

Dave avait mâché les rênes de Solleks, les brisant toutes les deux.

Дэйв перегрыз поводья Соллекса, сломав их пополам.

Il se tenait maintenant devant le traîneau, de retour à sa position légitime.

Теперь он стоял перед санями, снова заняв свое законное место.

Dave leva les yeux vers le conducteur, le suppliant silencieusement de rester dans les traces.

Дэйв посмотрел на водителя, молча умоляя его не съезжать с трассы.

Le conducteur était perplexe, ne sachant pas quoi faire pour le chien en difficulté.

Водитель был озадачен, не зная, что делать с борющейся собакой.

Les autres hommes parlaient de chiens qui étaient morts après avoir été emmenés dehors.

Другие мужчины говорили о собаках, которые погибли из-за того, что их вывели на улицу.

Ils ont parlé de chiens âgés ou blessés dont le cœur se brisait lorsqu'ils étaient abandonnés.

Они рассказывали о старых или раненых собаках, чьи сердца разрывались, когда их оставляли дома.

Ils ont convenu que c'était une preuve de miséricorde de laisser Dave mourir alors qu'il était encore dans son harnais.

Они согласились, что было бы милосердием позволить Дэйву умереть, все еще находясь в своей упряжи.

Il était attaché au traîneau et Dave tirait avec fierté.

Его снова пристегнули к саням, и Дэйв с гордостью потянул их.

Même s'il criait parfois, il travaillait comme si la douleur pouvait être ignorée.

Хотя он иногда и кричал, он работал так, как будто боль можно было игнорировать.

Plus d'une fois, il est tombé et a été traîné avant de se relever.

Не раз он падал, и его тащили, прежде чем он снова поднялся.

Un jour, le traîneau l'a écrasé et il a boité à partir de ce moment-là.

Однажды сани перевернулись через него, и с тех пор он хромал.

Il travailla néanmoins jusqu'à ce qu'il atteigne le camp, puis s'allongea près du feu.

Тем не менее он работал, пока не добрался до лагеря, а затем лег у костра.

Le matin, Dave était trop faible pour voyager ou même se tenir debout.

К утру Дэйв был слишком слаб, чтобы идти или даже стоять прямо.

Au moment de l'attelage, il essaya d'atteindre son conducteur avec un effort tremblant.

Когда пришло время запрягать лошадей, он с дрожью в голосе попытался дотянуться до водителя.

Il se força à se relever, tituba et s'effondra sur le sol enneigé.

Он заставил себя подняться, пошатнулся и рухнул на заснеженную землю.

À l'aide de ses pattes avant, il a traîné son corps vers la zone de harnais.

Используя передние ноги, он подтащил свое тело к месту упряжи.

Il s'avança, pouce par pouce, vers les chiens de travail.

Он продвигался вперед, дюйм за дюймом, по направлению к рабочим собакам.

Ses forces l'abandonnèrent, mais il continua d'avancer dans sa dernière poussée désespérée.

Его силы иссякли, но он продолжал двигаться в своем последнем отчаянном рывке.

Ses coéquipiers l'ont vu haleter dans la neige, impatients de les rejoindre.

Его товарищи по команде видели, как он задыхался в снегу, все еще жаждая присоединиться к ним.

Ils l'entendirent hurler de tristesse alors qu'ils quittaient le camp.

Они услышали, как он завыл от горя, когда они покинули лагерь.

Alors que l'équipe disparaissait dans les arbres, le cri de Dave résonna derrière eux.

Когда команда скрылась за деревьями, позади них раздался крик Дэйва.

Le train de traîneaux s'est brièvement arrêté après avoir traversé un tronçon de forêt fluviale.

Санный поезд ненадолго остановился, перейдя через участок речного леса.

Le métis écossais retourna lentement vers le camp situé derrière lui.

Шотландец-метис медленно побрел обратно к лагерю.

Les hommes ont arrêté de parler quand ils l'ont vu quitter le train de traîneaux.

Мужчины замолчали, увидев, как он выходит из саней.

Puis un coup de feu retentit clairement et distinctement de l'autre côté du sentier.

Затем над тропой раздался ясный и резкий выстрел.

L'homme revint rapidement et reprit sa place sans un mot.

Мужчина быстро вернулся и, не сказав ни слова, занял свое место.

Les fouets claquaient, les cloches tintaient et les traîneaux roulaient dans la neige.

Защелкали кнуты, зазвенели колокольчики, и сани покатились по снегу.

Mais Buck savait ce qui s'était passé, et tous les autres chiens aussi.

Но Бак знал, что произошло, как и все остальные собаки.

Le travail des rênes et du sentier
Труды вожжей и следа

Trente jours après avoir quitté Dawson, le Salt Water Mail atteignit Skaguay.

Через тридцать дней после выхода из Доусона почта «Солт-Уотер» достигла Скагуая.

Buck et ses coéquipiers ont pris la tête, arrivant dans un état pitoyable.

Бак и его товарищи по команде вырвались вперед, но прибыли в плачевном состоянии.

Buck était passé de cent quarante à cent quinze livres.

Бак похудел со ста сорока до ста пятнадцати фунтов.

Les autres chiens, bien que plus petits, avaient perdu encore plus de poids.

Другие собаки, хотя и были меньше, потеряли еще больше веса.

Pike, autrefois un faux boiteux, traînait désormais derrière lui une jambe véritablement blessée.

Пайк, когда-то притворявшийся хромым, теперь волочил за собой по-настоящему травмированную ногу.

Solleks boitait beaucoup et Dub avait une omoplate déchirée.

Соллекс сильно хромал, а у Даба была вывихнута лопатка.

Tous les chiens de l'équipe avaient mal aux pieds après des semaines passées sur le sentier gelé.

У всех собак в команде были стерты ноги после недель ходьбы по замерзшей тропе.

Ils n'avaient plus aucun ressort dans leurs pas, seulement un mouvement lent et traînant.

В их шагах не осталось никакой пружины, только медленное, волочащееся движение.

Leurs pieds heurtent durement le sentier, chaque pas ajoutant plus de tension à leur corps.

Их ноги тяжело ступали по тропе, и каждый шаг добавлял телу дополнительную нагрузку.

Ils n'étaient pas malades, seulement épuisés au-delà de toute guérison naturelle.

Они не были больны, просто истощены настолько, что не могли восстановиться естественным путем.

Ce n'était pas la fatigue d'une dure journée, guérie par une nuit de repos.

Это не была усталость от одного тяжелого дня, излечившаяся ночным отдыхом.

C'était un épuisement qui s'était construit lentement au fil de mois d'efforts épuisants.

Это было истощение, постепенно нараставшее в течение месяцев изнурительных усилий.

Il ne leur restait plus aucune force de réserve : ils avaient épuisé toutes leurs forces.

Резервных сил не осталось — они израсходовали все, что имели.

Chaque muscle, chaque fibre et chaque cellule de leur corps étaient épuisés et usés.

Каждая мышца, волокно и клетка в их телах были истощены и изношены.

Et il y avait une raison : ils avaient parcouru deux mille cinq cents kilomètres.

И на то была причина — они преодолели две с половиной тысячи миль.

Ils ne s'étaient reposés que cinq jours au cours des mille huit cents derniers kilomètres.

За последние тысячу восемьсот миль они отдыхали всего пять дней.

Lorsqu'ils arrivèrent à Skaguay, ils semblaient à peine capables de se tenir debout.

Когда они добрались до Скагуая, они едва могли стоять на ногах.

Ils ont lutté pour garder les rênes serrées et rester devant le traîneau.

Им с трудом удавалось удерживать вожжи натянутыми и оставаться впереди саней.

Dans les descentes, ils ont tout juste réussi à éviter d'être écrasés.

На спусках им удавалось лишь избегать наездов.

« Continuez, pauvres pieds endoloris », dit le chauffeur tandis qu'ils boitaient.

«Идите вперед, бедные, больные ноги», — сказал водитель, пока они хромали.

« C'est la dernière ligne droite, après quoi nous aurons tous droit à un long repos, c'est sûr. »

«Это последний отрезок пути, а потом нам всем обязательно предстоит долгий отдых».

« Un très long repos », promit-il en les regardant avancer en titubant.

«Один по-настоящему долгий отдых», — пообещал он, наблюдая, как они, пошатываясь, идут вперед.

Les pilotes s'attendaient à bénéficier d'une longue pause bien méritée.

Водители рассчитывали, что теперь им предоставят длительный и столь необходимый перерыв.

Ils avaient parcouru douze cents milles avec seulement deux jours de repos.

Они прошли тысячу двести миль, отдохнув всего два дня.

Par souci d'équité et de raison, ils estimaient avoir mérité un temps de détente.

По справедливости и здравому смыслу они посчитали, что заслужили время для отдыха.

Mais trop de gens étaient venus au Klondike et trop peu étaient restés chez eux.

Но слишком многие приехали на Клондайк, и слишком немногие остались дома.

Les lettres des familles ont afflué, créant des piles de courrier en retard.

Письма от семей хлынули потоком, создавая горы задержанной почты.

Les ordres officiels sont arrivés : de nouveaux chiens de la Baie d'Hudson allaient prendre le relais.

Поступил официальный приказ — на смену собакам Гудзонова залива пришли новые.

Les chiens épuisés, désormais considérés comme sans valeur, devaient être éliminés.

Измученных собак, которых теперь называли бесполезными, подлежали уничтожению.

Comme l'argent comptait plus que les chiens, ils allaient être vendus à bas prix.

Поскольку деньги значили больше, чем собаки, их собирались продать по дешёвке.

Trois jours supplémentaires passèrent avant que les chiens ne ressentent à quel point ils étaient faibles.

Прошло еще три дня, прежде чем собаки почувствовали, насколько они слабы.

Le quatrième matin, deux hommes venus des États-Unis ont acheté toute l'équipe.

На четвертое утро двое мужчин из Штатов выкупили всю команду.

La vente comprenait tous les chiens, ainsi que leur harnais usagé.

В продажу были включены все собаки, а также их изношенная упряжь.

Les hommes s'appelaient mutuellement « Hal » et « Charles » lorsqu'ils concluaient l'affaire.

Завершая сделку, мужчины называли друг друга «Хэл» и «Чарльз».

Charles était d'âge moyen, pâle, avec des lèvres molles et des pointes de moustache féroces.

Чарльз был человеком средних лет, бледным, с вялыми губами и жесткими кончиками усов.

Hal était un jeune homme, peut-être âgé de dix-neuf ans, portant une ceinture bourrée de cartouches.

Хэл был молодым человеком лет девятнадцати, носившим пояс, набитый патронами.

La ceinture contenait un gros revolver et un couteau de chasse, tous deux inutilisés.

На поясе висели большой револьвер и охотничий нож, оба неиспользованные.

Cela a montré à quel point il était inexpérimenté et inapte à la vie dans le Nord.

Это показало, насколько он неопытен и неприспособлен к жизни на Севере.

Aucun des deux hommes n'appartenait à la nature sauvage ; leur présence défiait toute raison.

Ни один из них не принадлежал дикой природе; их присутствие противоречило всякому здравому смыслу.

Buck a regardé l'argent échanger des mains entre l'acheteur et l'agent.

Бак наблюдал, как деньги передавались из рук в руки между покупателем и агентом.

Il savait que les conducteurs du train postal allaient le quitter comme les autres.

Он знал, что машинисты почтовых поездов покидают его жизнь, как и все остальные.

Ils suivirent Perrault et François, désormais irrévocables.

Они последовали за Перро и Франсуа, которых теперь уже невозможно вспомнить.

Buck et l'équipe ont été conduits dans le camp négligé de leurs nouveaux propriétaires.

Бака и команду отвели в грязный лагерь их новых владельцев.

La tente s'affaissait, la vaisselle était sale et tout était en désordre.

Палатка провисла, посуда была грязной, все лежало в беспорядке.

Buck remarqua également une femme : Mercedes, la femme de Charles et la sœur de Hal.

Бак заметил там еще одну женщину — Мерседес, жену Чарльза и сестру Хэла.

Ils formaient une famille complète, bien que loin d'être adaptée au sentier.

Они были полноценной семьей, хотя и не совсем подходили для похода.

Buck regarda nerveusement le trio commencer à emballer les fournitures.

Бак нервно наблюдал, как троица начала упаковывать припасы.

Ils ont travaillé dur mais sans ordre, juste du grabuge et des efforts gaspillés.

Они работали усердно, но без всякого порядка — только суета и напрасная трата сил.

La tente a été roulée dans une forme volumineuse, beaucoup trop grande pour le traîneau.

Палатка была свёрнута в громоздкую форму, слишком большую для саней.

La vaisselle sale a été emballée sans avoir été nettoyée ni séchée du tout.

Грязную посуду упаковывали, не вымыв и не высушивая.

Mercedes voltigeait, parlant constamment, corrigeant et intervenant.

Мерседес порхала вокруг, постоянно что-то говоря, поправляя и вмешиваясь.

Lorsqu'un sac était placé à l'avant, elle insistait pour qu'il soit placé à l'arrière.

Когда мешок положили спереди, она настояла, чтобы его повесили сзади.

Elle a mis le sac au fond, et l'instant d'après, elle en avait besoin.

Она положила мешок на дно, и в следующий момент он ей понадобился.

Le traîneau a donc été déballé à nouveau pour atteindre le sac spécifique.

Поэтому сани пришлось снова распаковать, чтобы добраться до одной конкретной сумки.

À proximité, trois hommes se tenaient devant une tente, observant la scène se dérouler.

Неподалеку от палатки стояли трое мужчин, наблюдая за происходящим.

Ils souriaient, faisaient des clins d'œil et souriaient à la confusion évidente des nouveaux arrivants.

Они улыбались, подмигивали и ухмылялись, видя явное замешательство новичков.

« Vous avez déjà une charge très lourde », dit l'un des hommes.

«У тебя и так уже тяжелый груз», — сказал один из мужчин.

« Je ne pense pas que tu devrais porter cette tente, mais c'est ton choix. »

«Я не думаю, что тебе следует нести эту палатку, но это твой выбор».

« Inimaginable ! » s'écria Mercedes en levant les mains de désespoir.

«Невероятно!» — воскликнула Мерседес, в отчаянии всплеснув руками.

« Comment pourrais-je voyager sans une tente sous laquelle dormir ? »

«Как я смогу путешествовать без палатки, под которой можно было бы ночевать?»

« C'est le printemps, vous ne verrez plus jamais de froid », répondit l'homme.

«Наступила весна, холодов больше не будет», — ответил мужчина.

Mais elle secoua la tête et ils continuèrent à empiler des objets sur le traîneau.

Но она покачала головой, и они продолжили складывать вещи на сани.

La charge s'élevait dangereusement alors qu'ils ajoutaient les dernières choses.

Когда они добавили последние вещи, груз поднялся опасно высоко.

« Tu penses que le traîneau va rouler ? » demanda l'un des hommes avec un regard sceptique.

«Как думаешь, сани поедут?» — спросил один из мужчин со скептическим видом.

« Pourquoi pas ? » rétorqua Charles, vivement agacé.

«Почему бы и нет?» — резко возразил Чарльз.

« Oh, ce n'est pas grave », dit rapidement l'homme, s'éloignant de l'offense.

«О, все в порядке», — быстро сказал мужчина, уходя от обиды.

« Je me demandais juste – ça me semblait un peu trop lourd. »

«Я просто задался вопросом — мне показалось, что верхняя часть слишком перегружена».

Charles se détourna et attacha la charge du mieux qu'il put.

Чарльз отвернулся и привязал груз так крепко, как только мог.

Mais les attaches étaient lâches et l'emballage mal fait dans l'ensemble.

Однако крепления были ослаблены, а упаковка в целом была выполнена плохо.

« Bien sûr, les chiens tireront ça toute la journée », a dit un autre homme avec sarcasme.

«Конечно, собаки будут тащить это весь день», — саркастически заметил другой мужчина.

« Bien sûr », répondit froidement Hal en saisissant le long mât du traîneau.

«Конечно», — холодно ответил Хэл, хватаясь за длинную дышло саней.

D'une main sur le poteau, il faisait tournoyer le fouet dans l'autre.

Держа одну руку на шесте, он размахивал кнутом в другой руке.

« Allons-y ! » cria-t-il. « Allez ! » exhortant les chiens à démarrer.

«Пошли!» — крикнул он. «Пошевеливайся!» — подгоняя собак.

Les chiens se sont penchés sur le harnais et ont tendu pendant quelques instants.

Собаки напряглись и несколько мгновений напрягались.

Puis ils s'arrêtèrent, incapables de déplacer d'un pouce le traîneau surchargé.

Затем они остановились, не в силах сдвинуть перегруженные сани ни на дюйм.

« Ces brutes paresseuses ! » hurla Hal en levant le fouet pour les frapper.

«Ленивые скоты!» — закричал Хэл, занося кнут, чтобы ударить их.

Mais Mercedes s'est précipitée et a saisi le fouet des mains de Hal.

Но Мерседес ворвалась и выхватила хлыст из рук Хэла.

« Oh, Hal, n'ose pas leur faire de mal », s'écria-t-elle, alarmée.

«О, Хэл, не смей причинять им боль», — встревоженно закричала она.

« Promets-moi que tu seras gentil avec eux, sinon je n'irai pas plus loin. »

«Пообещай мне, что будешь добр к ним, иначе я не сделаю ни шагу».

« Tu ne connais rien aux chiens », lança Hal à sa sœur.

«Ты ничего не знаешь о собаках», — рявкнул Хэл на сестру.

« Ils sont paresseux, et la seule façon de les déplacer est de les fouetter. »

«Они ленивы, и единственный способ их сдвинуть с места — это хлестать».

« Demandez à n'importe qui, demandez à l'un de ces hommes là-bas si vous doutez de moi. »

«Спросите любого — спросите одного из тех мужчин, если вы сомневаетесь во мне».

Mercedes regarda les spectateurs avec des yeux suppliants et pleins de larmes.

Мерседес смотрела на зрителей умоляющими, полными слез глазами.

Son visage montrait à quel point elle détestait la vue de la douleur.

По ее лицу было видно, как сильно она ненавидела вид любой боли.

« Ils sont faibles, c'est tout », dit un homme. « Ils sont épuisés. »

«Они слабы, вот и все», — сказал один мужчина. «Они измотаны».

« Ils ont besoin de repos, ils ont travaillé trop longtemps sans pause. »

«Им нужен отдых — они слишком долго работали без перерыва».

« Que le repos soit maudit », murmura Hal, la lèvre retroussée.

«Будь проклят остальной мир», — пробормотал Хэл, скривив губы.

Mercedes haleta, clairement peinée par ce mot grossier de sa part.

Мерседес ахнула, явно задетая его грубым словом.

Pourtant, elle est restée loyale et a immédiatement défendu son frère.

Тем не менее, она осталась верна брату и сразу же встала на его защиту.

« Ne fais pas attention à cet homme », dit-elle à Hal. « Ce sont nos chiens. »

«Не обращай внимания на этого человека», — сказала она Хэлу. «Это наши собаки».

« Vous les conduisez comme bon vous semble, faites ce que vous pensez être juste. »

«Вы управляете ими так, как считаете нужным, — делаете то, что считаете правильным».

Hal leva le fouet et frappa à nouveau les chiens sans pitié.

Хэл поднял хлыст и снова безжалостно ударил собак.

Ils se sont précipités en avant, le corps bas, les pieds poussant dans la neige.

Они бросились вперед, пригнувшись и упираясь ногами в снег.

Toutes leurs forces étaient utilisées pour tirer, mais le traîneau ne bougeait pas.

Все силы были брошены на то, чтобы тянуть сани, но они не двигались с места.

Le traîneau est resté coincé, comme une ancre figée dans la neige tassée.

Сани застряли, словно якорь, вмерзший в утрамбованный снег.

Après un deuxième effort, les chiens s'arrêtèrent à nouveau, haletants.

После второй попытки собаки снова остановились, тяжело дыша.

Hal leva à nouveau le fouet, juste au moment où Mercedes intervenait à nouveau.

Хэл снова поднял хлыст, но тут снова вмешалась Мерседес.

Elle tomba à genoux devant Buck et lui serra le cou.

Она опустилась на колени перед Баком и обняла его за шею.

Les larmes lui montèrent aux yeux tandis qu'elle suppliait le chien épuisé.

Слезы наполнили ее глаза, когда она умоляла измученную собаку.

« Pauvres chéris », dit-elle, « pourquoi ne tirez-vous pas plus fort ? »

«Бедняжки, — сказала она, — почему бы вам просто не потянуть сильнее?»

« Si tu tires, tu ne seras pas fouetté comme ça. »

«Если ты потянешь, то тебя не будут так хлестать».

Buck n'aimait pas Mercedes, mais il était trop fatigué pour lui résister maintenant.

Бэку не нравилась Мерседес, но он слишком устал, чтобы сопротивляться ей.

Il accepta ses larmes comme une simple partie de cette journée misérable.

Он воспринял ее слезы как еще одну часть этого ужасного дня.

L'un des hommes qui regardaient a finalement parlé après avoir retenu sa colère.

Один из наблюдавших за происходящим мужчин наконец заговорил, сдерживая свой гнев.

« Je me fiche de ce qui vous arrive, mais ces chiens comptent. »

«Мне все равно, что с вами случится, но эти собаки имеют значение».

« Si vous voulez aider, détachez ce traîneau, il est gelé dans la neige. »

«Если хочешь помочь, отцепи эти сани — они примерзли к снегу».

« Appuyez fort sur la perche, à droite et à gauche, et brisez le sceau de glace. »

«Надавите на столб справа и слева и сломайте ледяную корку».

Une troisième tentative a été faite, cette fois-ci suite à la suggestion de l'homme.

Третья попытка была предпринята, на этот раз по предложению мужчины.

Hal a balancé le traîneau d'un côté à l'autre, libérant les patins.

Хэл раскачивал сани из стороны в сторону, отчего полозья расшатывались.

Le traîneau, bien que surchargé et maladroit, a finalement fait un bond en avant.

Сани, хотя и перегруженные и неуклюжие, наконец двинулись вперед.

Buck et les autres tiraient sauvagement, poussés par une tempête de coups de fouet.

Бак и остальные рванули изо всех сил, подгоняемые ураганом хлыстовых ударов.

Une centaine de mètres plus loin, le sentier courbait et descendait en pente dans la rue.

В сотне ярдов впереди тропа изгибалась и спускалась к улице.

Il aurait fallu un conducteur expérimenté pour maintenir le traîneau droit.

Чтобы удерживать сани в вертикальном положении, требовался опытный водитель.

Hal n'était pas habile et le traîneau a basculé en tournant dans le virage.

У Хэла не было опыта, и сани накренились на повороте.

Les sangles lâches ont cédé et la moitié de la charge s'est répandue sur la neige.

Ослабленные крепления не выдержали, и половина груза вывалилась на снег.

Les chiens ne s'arrêtèrent pas ; le traîneau le plus léger volait sur le côté.

Собаки не остановились; более легкие сани полетели на боку.

En colère à cause des mauvais traitements et du lourd fardeau, les chiens couraient plus vite.

Разозленные оскорблениями и тяжелой ношей, собаки побежали быстрее.

Buck, furieux, s'est mis à courir, suivi par l'équipe.

Бак в ярости бросился бежать, а вся команда побежала за ним.

Hal a crié « Whoa ! Whoa ! » mais l'équipe ne lui a pas prêté attention.

Хэл закричал: «Ух ты! Ух ты!», но команда не обратила на него внимания.

Il a trébuché, est tombé et a été traîné au sol par le harnais.

Он споткнулся, упал, и его протащило по земле за упряжь.

Le traîneau renversé l'a heurté tandis que les chiens couraient devant.

Перевернутые сани налетели на него, а собаки мчались вперед.

Le reste des fournitures est dispersé dans la rue animée de Skaguay.

Оставшиеся припасы разбросаны по оживленной улице Скагуая.

Des personnes au grand cœur se sont précipitées pour arrêter les chiens et rassembler le matériel.

Добросердечные люди бросились останавливать собак и собирать снаряжение.

Ils ont également donné des conseils, directs et pratiques, aux nouveaux voyageurs.

Они также давали новым путешественникам простые и практичные советы.

« Si vous voulez atteindre Dawson, prenez la moitié du chargement et doublez les chiens. »

«Если хочешь добраться до Доусона, возьми половину груза и удвой количество собак».

Hal, Charles et Mercedes écoutaient, mais sans enthousiasme.

Хэл, Чарльз и Мерседес слушали, хотя и без энтузиазма.

Ils ont installé leur tente et ont commencé à trier leurs provisions.

Они разбили палатку и начали разбирать свои припасы.

Des conserves sont sorties, ce qui a fait rire les spectateurs.

На свет появились консервы, вызвавшие громкий смех у прохожих.

« Des conserves sur le sentier ? Tu vas mourir de faim avant qu'elles ne fondent », a dit l'un d'eux.

«Консервы на тропе? Вы умрете с голоду, прежде чем они растают», — сказал один из них.

« Des couvertures d'hôtel ? Tu ferais mieux de toutes les jeter. »

«Одеяла в отелях? Лучше их все выкинуть».

« Laissez tomber la tente aussi, et personne ne fait la vaisselle ici. »

«Если убрать палатку, то здесь никто не будет мыть посуду».

« Tu crois que tu voyages dans un train Pullman avec des domestiques à bord ? »

«Вы думаете, что едете в пульмановском поезде со слугами на борту?»

Le processus a commencé : chaque objet inutile a été jeté de côté.

Процесс начался — все ненужные предметы были отброшены в сторону.

Mercedes a pleuré lorsque ses sacs ont été vidés sur le sol enneigé.

Мерседес плакала, когда ее вещи высыпались на заснеженную землю.

Elle sanglotait sur chaque objet jeté, un par un, sans pause.

Она рыдала над каждой выброшенной вещью, одну за другой, не останавливаясь.

Elle jura de ne plus faire un pas de plus, même pas pendant dix Charles.

Она поклялась не сделать больше ни шагу — даже за десять Чарльзов.

Elle a supplié chaque personne à proximité de la laisser garder ses objets précieux.

Она умоляла каждого, кто был рядом, позволить ей оставить себе ее драгоценные вещи.

Finalement, elle s'essuya les yeux et commença à jeter même les vêtements essentiels.

Наконец она вытерла глаза и начала выбрасывать даже самую необходимую одежду.

Une fois les siennes terminées, elle commença à vider les provisions des hommes.

Закончив со своими принадлежностями, она принялась опустошать мужские.

Comme un tourbillon, elle a déchiré les affaires de Charles et Hal.

Словно вихрь, она пронеслась через вещи Чарльза и Хэла.

Même si la charge était réduite de moitié, elle était encore bien plus lourde que nécessaire.

Хотя груз уменьшился вдвое, он все равно был намного тяжелее, чем требовалось.

Cette nuit-là, Charles et Hal sont sortis et ont acheté six nouveaux chiens.

Тем вечером Чарльз и Хэл пошли и купили шесть новых собак.

Ces nouveaux chiens ont rejoint les six originaux, plus Teek et Koona.

Эти новые собаки присоединились к первоначальным шести, а также к Тику и Куне.

Ensemble, ils formaient une équipe de quatorze chiens attelés au traîneau.

Вместе они составили упряжку из четырнадцати собак, запряженных в сани.

Mais les nouveaux chiens n'étaient pas aptes et mal entraînés au travail en traîneau.

Однако новые собаки оказались непригодными и плохо обученными для работы в упряжке.

Trois des chiens étaient des pointeurs à poil court et un était un Terre-Neuve.

Три собаки были короткошерстными пойнтерами, а одна — ньюфаундлендом.

Les deux derniers chiens étaient des bâtards sans race ni objectif clairement définis.

Последние две собаки были дворнягами, не имевшими четкой породы или предназначения.

Ils n'ont pas compris le sentier et ne l'ont pas appris rapidement.

Они не понимали тропу и не могли быстро ее освоить.

Buck et ses compagnons les regardaient avec mépris et une profonde irritation.

Бак и его товарищи смотрели на них с презрением и глубоким раздражением.

Bien que Buck leur ait appris ce qu'il ne fallait pas faire, il ne pouvait pas leur enseigner le devoir.

Хотя Бак учил их, чего не следует делать, он не мог научить долгу.

Ils n'ont pas bien supporté la vie sur les sentiers ni la traction des rênes et des traîneaux.

Они не очень хорошо переносили жизнь на тропе, а также тягу вожжей и саней.

Seuls les bâtards essayaient de s'adapter, et même eux manquaient d'esprit combatif.

Только дворняги пытались приспособиться, но даже у них не было боевого духа.

Les autres chiens étaient confus, affaiblis et brisés par leur nouvelle vie.

Остальные собаки были растеряны, ослаблены и сломлены новой жизнью.

Les nouveaux chiens étant désemparés et les anciens épuisés, l'espoir était mince.

Поскольку новые собаки ничего не знали, а старые были истощены, надежды было мало.

L'équipe de Buck avait parcouru deux mille cinq cents kilomètres de sentiers difficiles.

Команда Бака преодолела две с половиной тысячи миль по суровой дороге.

Pourtant, les deux hommes étaient joyeux et fiers de leur grande équipe de chiens.

Тем не менее, оба мужчины были веселы и гордились своей большой собачьей упряжкой.

Ils pensaient voyager avec style, avec quatorze chiens attelés.

Они думали, что путешествуют с шиком, взяв с собой четырнадцать собак.

Ils avaient vu des traîneaux partir pour Dawson, et d'autres en arriver.

Они видели, как одни сани отправлялись в Доусон, а другие прибывали оттуда.

Mais ils n'en avaient jamais vu un tiré par quatorze chiens.

Но никогда они не видели упряжку, которую тянуло бы целых четырнадцать собак.

Il y avait une raison pour laquelle de telles équipes étaient rares dans la nature sauvage de l'Arctique.

Недаром такие команды были редкостью в арктической глуши.

Aucun traîneau ne pouvait transporter suffisamment de nourriture pour nourrir quatorze chiens pendant le voyage.

Ни одни сани не могли перевезти достаточно еды, чтобы прокормить четырнадцать собак на протяжении всего путешествия.

Mais Charles et Hal ne le savaient pas : ils avaient fait le calcul.

Но Чарльз и Хэл этого не знали — они уже все подсчитали.

Ils ont planifié la nourriture : tant par chien, tant de jours, et c'est fait.

Они расписали еду: столько-то на собаку, столько-то дней, готово.

Mercedes regarda leurs chiffres et hocha la tête comme si cela avait du sens.

Мерседес посмотрела на их цифры и кивнула, как будто это имело смысл.

Tout cela lui semblait très simple, du moins sur le papier.

Ей все казалось очень простым, по крайней мере на бумаге.

Le lendemain matin, Buck conduisit lentement l'équipe dans la rue enneigée.

На следующее утро Бак медленно повел команду по заснеженной улице.

Il n'y avait aucune énergie ni aucun esprit en lui ou chez les chiens derrière lui.

Ни у него, ни у собак, стоявших за ним, не было ни энергии, ни духа.

Ils étaient épuisés dès le départ, il n'y avait plus de réserve.

Они были смертельно уставшими с самого начала — резерва не осталось.

Buck avait déjà effectué quatre voyages entre Salt Water et Dawson.

Бак уже совершил четыре поездки между Солт-Уотером и Доусоном.

Maintenant, confronté à nouveau à la même épreuve, il ne ressentait que de l'amertume.

Теперь, снова оказавшись на том же пути, он не чувствовал ничего, кроме горечи.

Son cœur n'y était pas, ni celui des autres chiens.

Его сердце не лежало к этому, как и сердца других собак.

Les nouveaux chiens étaient timides et les huskies manquaient totalement de confiance.

Новые собаки были робкими, а лайки не вызывали никакого доверия.

Buck sentait qu'il ne pouvait pas compter sur ces deux hommes ou sur leur sœur.

Бак чувствовал, что не может положиться ни на этих двух мужчин, ни на их сестру.

Ils ne savaient rien et ne montraient aucun signe d'apprentissage sur le sentier.

Они ничего не знали и не проявляли никаких признаков обучения на тропе.

Ils étaient désorganisés et manquaient de tout sens de la discipline.

Они были неорганизованны и лишены всякого чувства дисциплины.

Il leur fallait à chaque fois la moitié de la nuit pour monter un campement bâclé.

Каждый раз им требовалось полночи, чтобы разбить неряшливый лагерь.

Et ils passèrent la moitié de la matinée suivante à tâtonner à nouveau avec le traîneau.

И половину следующего утра они снова провели, возясь с санями.

À midi, ils s'arrêtaient souvent juste pour réparer la charge inégale.

К полудню они часто останавливались, чтобы просто исправить неравномерность нагрузки.

Certains jours, ils parcouraient moins de dix milles au total.

В некоторые дни они проходили в общей сложности менее десяти миль.

D'autres jours, ils ne parvenaient pas du tout à quitter le camp.

В другие дни им вообще не удавалось покинуть лагерь.

Ils n'ont jamais réussi à couvrir la distance alimentaire prévue.

Они так и не смогли преодолеть запланированное расстояние по доставке продовольствия.

Comme prévu, ils ont très vite manqué de nourriture pour les chiens.

Как и ожидалось, у собак очень быстро закончилась еда.

Ils ont aggravé la situation en les suralimentant au début.

Они усугубили ситуацию перекармливанием в первые дни.

À chaque ration négligée, la famine se rapprochait.

С каждой неосторожной пайкой голод приближался.

Les nouveaux chiens n'avaient pas appris à survivre avec très peu.

Новые собаки не научились выживать, имея очень мало пищи.

Ils mangeaient avec faim, avec un appétit trop grand pour le sentier.

Они ели жадно, их аппетит был слишком велик для такой тропы.

Voyant les chiens s'affaiblir, Hal pensait que la nourriture n'était pas suffisante.

Видя, что собаки слабеют, Хэл решил, что еды недостаточно.

Il a doublé les rations, rendant l'erreur encore pire.

Он увеличил пайки вдвое, что еще больше усугубило ошибку.

Mercedes a aggravé le problème avec ses larmes et ses douces supplications.

Мерседес усугубила проблему слезами и тихими мольбами.

Comme elle n'arrivait pas à convaincre Hal, elle nourrissait les chiens en secret.

Когда ей не удалось убедить Хэла, она тайно покормила собак.

Elle a volé des sacs de poissons et les leur a donnés dans son dos.

Она крала рыбу из мешков и отдавала им за его спиной.

Mais ce dont les chiens avaient réellement besoin, ce n'était pas de plus de nourriture, mais de repos.

Но на самом деле собакам нужна была не еда, а отдых.

Ils progressaient mal, mais le lourd traîneau continuait à avancer.

Они продвигались с трудом, но тяжелые сани все равно тащились.

Ce poids à lui seul épuisait chaque jour leurs forces restantes.

Этот вес каждый день истощал их оставшиеся силы.

Puis vint l'étape de la sous-alimentation, les réserves s'épuisant.

Затем наступила стадия недоедания, поскольку запасы истощились.

Un matin, Hal s'est rendu compte que la moitié de la nourriture pour chien avait déjà disparu.

Однажды утром Хэл обнаружил, что половина собачьего корма уже закончилась.

Ils n'avaient parcouru qu'un quart de la distance totale du sentier.

Они преодолели лишь четверть от общей протяженности маршрута.

On ne pouvait plus acheter de nourriture, quel que soit le prix proposé.

Больше нельзя было купить еду, какую бы цену ни предлагали.

Il a réduit les portions des chiens en dessous de la ration quotidienne standard.

Он уменьшил порции собак ниже стандартного дневного рациона.

Dans le même temps, il a exigé des voyages plus longs pour compenser la perte.

В то же время он потребовал более длительных путешествий, чтобы компенсировать потери.

Mercedes et Charles ont soutenu ce plan, mais ont échoué dans son exécution.

Мерседес и Чарльз поддержали этот план, но реализовать его не удалось.

Leur lourd traîneau et leur manque de compétences rendaient la progression presque impossible.

Тяжёлые сани и отсутствие навыков сделали продвижение вперёд практически невозможным.

Il était facile de donner moins de nourriture, mais impossible de forcer plus d'efforts.

Легко было давать меньше еды, но невозможно было заставить прилагать больше усилий.

Ils ne pouvaient pas commencer plus tôt, ni voyager pendant des heures supplémentaires.

Они не могли ни начать работу раньше, ни путешествовать дольше обычного.

Ils ne savaient pas comment travailler les chiens, ni eux-mêmes d'ailleurs.

Они не знали, как работать с собаками, да и с собой тоже.

Le premier chien à mourir était Dub, le voleur malchanceux mais travailleur.

Первой погибшей собакой был Даб, неудачливый, но трудолюбивый вор.

Bien que souvent puni, Dub avait fait sa part sans se plaindre.

Хотя Даба часто наказывали, он выполнял свою работу без жалоб.

Son épaule blessée s'est aggravée sans qu'il soit nécessaire de prendre soin de lui et de se reposer.

Состояние его травмированного плеча ухудшалось без ухода и необходимости отдыха.

Finalement, Hal a utilisé le revolver pour mettre fin aux souffrances de Dub.

Наконец, Хэл использовал револьвер, чтобы положить конец страданиям Даба.

Un dicton courant dit que les chiens normaux meurent à cause des rations de husky.

Распространенная поговорка гласит, что нормальные собаки умирают от хаски.

Les six nouveaux compagnons de Buck n'avaient que la moitié de la part de nourriture du husky.

Шестерым новым товарищам Бака досталась лишь половина порции еды, причитающейся хаски.

Le Terre-Neuve est mort en premier, puis les trois braques à poil court.

Первым погиб ньюфаундленд, затем три
короткошерстных пойнтера.

**Les deux bâtards résistèrent plus longtemps mais finirent
par périr comme les autres.**

Две дворняжки продержались дольше, но в конце концов
погибли, как и остальные.

**À cette époque, toutes les commodités et la douceur du
Southland avaient disparu.**

К этому времени все удобства и уют Саутленда исчезли.

**Les trois personnes avaient perdu les dernières traces de leur
éducation civilisée.**

Эти трое людей потеряли последние следы своего
цивилизованного воспитания.

**Dépouillé de glamour et de romantisme, le voyage dans
l'Arctique est devenu brutalement réel.**

Лишенные гламура и романтики, путешествия по
Арктике стали жестоко реальными.

**C'était une réalité trop dure pour leur sens de la virilité et de
la féminité.**

Это была реальность, слишком суровая для их
представлений о мужественности и женственности.

**Mercedes ne pleurait plus pour les chiens, mais maintenant
elle pleurait seulement pour elle-même.**

Мерседес больше не плакала из-за собак, теперь она
плакала только из-за себя.

**Elle passait son temps à pleurer et à se disputer avec Hal et
Charles.**

Она проводила время в слезах и ссорах с Хэлом и
Чарльзом.

**Se disputer était la seule chose qu'ils n'étaient jamais trop
fatigués de faire.**

Единственное, от чего они никогда не уставали, — это
ссоры.

**Leur irritabilité provenait de la misère, grandissait avec elle
et la surpassait.**

Их раздражительность возникла из-за несчастья, росла
вместе с ним и превосходила его.

La patience du sentier, connue de ceux qui peinent et souffrent avec bienveillance, n'est jamais venue.

Терпение тропы, знакомое тем, кто трудится и страдает милосердно, так и не наступило.

Cette patience, qui garde la parole douce malgré la douleur, leur était inconnue.

Им было неведомо то терпение, которое сохраняет сладость речи, несмотря на боль.

Ils n'avaient aucune trace de patience, aucune force tirée de la souffrance avec grâce.

У них не было ни капли терпения, ни силы, которую можно было бы почерпнуть из страдания с достоинством.

Ils étaient raides de douleur : leurs muscles, leurs os et leur cœur étaient douloureux.

Они были напряжены от боли — ломоты в мышцах, костях и сердцах.

À cause de cela, ils devinrent acerbes et prompts à prononcer des paroles dures.

Из-за этого они стали острыми на язык и скорыми на резкие слова.

Chaque jour commençait et se terminait par des voix en colère et des plaintes amères.

Каждый день начинался и заканчивался гневными голосами и горькими жалобами.

Charles et Hal se disputaient chaque fois que Mercedes leur en donnait l'occasion.

Чарльз и Хэл ссорились всякий раз, когда Мерседес давала им шанс.

Chaque homme estimait avoir fait plus que sa juste part du travail.

Каждый из них считал, что выполнил больше, чем ему положено, работы.

Aucun des deux n'a jamais manqué une occasion de le dire, encore et encore.

Ни один из них не упускал возможности сказать об этом снова и снова.

Parfois, Mercedes se rangeait du côté de Charles, parfois du côté de Hal.

Иногда Мерседес принимала сторону Чарльза, иногда — Хэла.

Cela a conduit à une grande et interminable querelle entre les trois.

Это привело к большой и бесконечной ссоре между тремя.

Une dispute sur la question de savoir qui devait couper le bois de chauffage est devenue incontrôlable.

Спор о том, кто должен рубить дрова, вышел из-под контроля.

Bientôt, les pères, les mères, les cousins et les parents décédés ont été nommés.

Вскоре были названы имена отцов, матерей, двоюродных братьев и сестер, а также умерших родственников.

Les opinions de Hal sur l'art ou les pièces de son oncle sont devenues partie intégrante du combat.

Взгляды Хэла на искусство и пьесы его дяди стали частью борьбы.

Les convictions politiques de Charles sont également entrées dans le débat.

Политические убеждения Чарльза также стали предметом дебатов.

Pour Mercedes, même les ragots de la sœur de son mari semblaient pertinents.

Для Мерседес даже сплетни сестры ее мужа казались важными.

Elle a exprimé son opinion sur ce sujet et sur de nombreux défauts de la famille de Charles.

Она высказала свое мнение по этому поводу и по поводу многих недостатков семьи Чарльза.

Pendant qu'ils se disputaient, le feu restait éteint et le camp à moitié monté.

Пока они спорили, костер оставался неразведенным, а лагерь наполовину разбитым.

Pendant ce temps, les chiens restaient froids et sans nourriture.

Тем временем собаки оставались холодными и без еды.

Mercedes avait un grief qu'elle considérait comme profondément personnel.

У Мерседес была обида, которую она считала глубоко личной.

Elle se sentait maltraitée en tant que femme, privée de ses doux privilèges.

Она чувствовала, что с ней плохо обращаются как с женщиной, лишают ее привилегий.

Elle était jolie et douce, et habituée à la chevalerie toute sa vie.

Она была красивой и нежной и всю жизнь отличалась благородством.

Mais son mari et son frère la traitaient désormais avec impatience.

Но теперь ее муж и брат относились к ней с нетерпением.

Elle avait pour habitude d'agir comme si elle était impuissante, et ils commencèrent à se plaindre.

Она привыкла вести себя беспомощно, и они начали жаловаться.

Offensée par cela, elle leur rendit la vie encore plus difficile.

Оскорбленная этим, она еще больше усложнила им жизнь.

Elle a ignoré les chiens et a insisté pour conduire elle-même le traîneau.

Она проигнорировала собак и настояла на том, что сама поедет на санях.

Bien que légère en apparence, elle pesait cent vingt livres.

Несмотря на свою легкость, она весила сто двадцать фунтов.

Ce fardeau supplémentaire était trop lourd pour les chiens affamés et faibles.

Эта дополнительная нагрузка оказалась слишком большой для голодных, слабых собак.

Elle a continué à monter pendant des jours, jusqu'à ce que les chiens s'effondrent sous les rênes.

И все же она ехала несколько дней, пока собаки не рухнули в поводьях.

Le traîneau s'arrêta et Charles et Hal la supplièrent de marcher.

Сани стояли неподвижно, и Чарльз с Хэлом умоляли ее идти пешком.

Ils la supplièrent et la supplièrent, mais elle pleura et les traita de cruels.

Они умоляли и умоляли, но она плакала и называла их жестокими.

À une occasion, ils l'ont tirée du traîneau avec force et colère.

Однажды они стащили ее с саней, применив силу и гнев.

Ils n'ont plus jamais essayé après ce qui s'est passé cette fois-là.

После того, что случилось в тот раз, они больше не пытались это сделать.

Elle devint molle comme un enfant gâté et s'assit dans la neige.

Она обмякла, как избалованный ребенок, и села в снег.

Ils continuèrent leur chemin, mais elle refusa de se lever ou de les suivre.

Они двинулись дальше, но она отказалась встать или последовать за ними.

Après trois milles, ils s'arrêtèrent, revinrent et la ramenèrent.

Через три мили они остановились, вернулись и понесли ее обратно.

Ils l'ont rechargée sur le traîneau, en utilisant encore une fois la force brute.

Они снова погрузили ее на сани, снова применив грубую силу.

Dans leur profonde misère, ils étaient insensibles à la souffrance des chiens.

В своем глубоком горе они были равнодушны к страданиям собак.

Hal croyait qu'il fallait s'endurcir et il a imposé cette croyance aux autres.

Хэл считал, что человек должен стать закаленным, и навязывал эту веру другим.

Il a d'abord essayé de prêcher sa philosophie à sa sœur

Сначала он попытался проповедовать свою философию сестре.

et puis, sans succès, il prêcha à son beau-frère.

а затем, безуспешно, он проповедовал своему зятю.

Il a eu plus de succès avec les chiens, mais seulement parce qu'il leur a fait du mal.

С собаками он добился большего успеха, но только потому, что причинял им боль.

Chez Five Fingers, la nourriture pour chiens est complètement épuisée.

В Five Fingers полностью закончился корм для собак.

Une vieille squaw édentée a vendu quelques kilos de peau de cheval congelée

Беззубая старая скво продала несколько фунтов замороженной лошадиной шкуры

Hal a échangé son revolver contre la peau de cheval séchée.

Хэл обменял свой револьвер на высушенную конскую шкуру.

La viande provenait de chevaux affamés d'éleveurs de bétail des mois auparavant.

Мясо было получено от истощенных лошадей скотоводов несколько месяцев назад.

Gelée, la peau était comme du fer galvanisé ; dure et immangeable.

Замороженная шкура была похожа на оцинкованное железо: жесткая и несъедобная.

Les chiens devaient mâcher la peau sans fin pour la manger.

Собакам приходилось бесконечно жевать шкуру, чтобы съесть ее.

Mais les cordes en cuir et les cheveux courts n'étaient guère une nourriture.

Но кожистые нити и короткие волосы вряд ли можно считать пищей.

La majeure partie de la peau était irritante et ne constituait pas véritablement de la nourriture.

Большая часть шкуры была раздражающей и не являлась едой в прямом смысле этого слова.

Et pendant tout ce temps, Buck titubait en tête, comme dans un cauchemar.

И все это время Бак шатался впереди, как в кошмарном сне.

Il tirait quand il le pouvait ; quand il ne le pouvait pas, il restait allongé jusqu'à ce qu'un fouet ou un gourdin le relève.

Когда он мог, он тянул; когда нет, он лежал, пока его не поднимали кнутом или дубинкой.

Son pelage fin et brillant avait perdu toute sa rigidité et son éclat d'autrefois.

Его прекрасная, блестящая шерсть утратила всю свою прежнюю жесткость и блеск.

Ses cheveux pendaient, mous, en bataille et coagulés par le sang séché des coups.

Его волосы висели небрежно, спутались и были покрыты запекшейся кровью от ударов.

Ses muscles se sont réduits à l'état de cordes et ses coussinets de chair étaient tous usés.

Его мышцы превратились в канаты, а все подушечки его плоти стерлись.

Chaque côte, chaque os apparaissait clairement à travers les plis de la peau ridée.

Каждое ребро, каждая кость отчетливо просматривались сквозь складки морщинистой кожи.

C'était déchirant, mais le cœur de Buck ne pouvait pas se briser.

Это было душераздирающе, но сердце Бака не могло разбиться.

L'homme au pull rouge avait testé cela et l'avait prouvé il y a longtemps.

Человек в красном свитере уже давно это проверил и доказал.

Comme ce fut le cas pour Buck, ce fut le cas pour tous ses coéquipiers restants.

Как это было с Баком, так было и со всеми его оставшимися товарищами по команде.

Il y en avait sept au total, chacun étant un squelette ambulant de misère.

Всего их было семеро, и каждый из них был ходячим скелетом страдания.

Ils étaient devenus insensibles au fouet, ne ressentant qu'une douleur lointaine.

Они онемели от ударов плетью, чувствуя лишь далекую боль.

Même la vue et le son leur parvenaient faiblement, comme à travers un épais brouillard.

Даже зрение и слух доходили до них смутно, словно сквозь густой туман.

Ils n'étaient pas à moitié vivants : c'étaient des os avec de faibles étincelles à l'intérieur.

Они не были полуживыми — это были кости с тусклыми искрами внутри.

Lorsqu'ils s'arrêtèrent, ils s'effondrèrent comme des cadavres, leurs étincelles presque éteintes.

Когда их остановили, они рухнули, как трупы, их искры почти погасли.

Et lorsque le fouet ou le gourdin frappaient à nouveau, les étincelles voltigeaient faiblement.

И когда кнут или дубинка ударяли снова, искры слабо трепетали.

Puis ils se levèrent, titubèrent en avant et traînèrent leurs membres en avant.

Затем они поднялись, пошатнулись и потащили вперед свои конечности.

Un jour, le gentil Billee tomba et ne put plus se relever du tout.

Однажды добрый Билли упал и больше не мог подняться.

Hal avait échangé son revolver, alors il a utilisé une hache pour tuer Billee à la place.

Хэл обменял свой револьвер, поэтому вместо этого он использовал топор, чтобы убить Билли.

Il le frappa à la tête, puis lui coupa le corps et le traîna.

Он ударил его по голове, затем освободил его тело и потащил прочь.

Buck vit cela, et les autres aussi ; ils savaient que la mort était proche.

Бак увидел это, как и остальные; они знали, что смерть близка.

Le lendemain, Koona partit, ne laissant que cinq chiens dans l'équipe affamée.

На следующий день Куна уехал, оставив в голодной команде всего пять собак.

Joe, qui n'était plus méchant, était trop loin pour se rendre compte de quoi que ce soit.

Джо, больше не злой, зашел слишком далеко, чтобы вообще что-либо осознавать.

Pike, ne faisant plus semblant d'être blessé, était à peine conscient.

Пайк, больше не притворявшийся, что получил травму, едва был в сознании.

Solleks, toujours fidèle, se lamentait de ne plus avoir de force à donner.

Соллекс, все еще верный, горевал, что у него нет сил, чтобы отдать.

Teek a été le plus battu parce qu'il était plus frais, mais qu'il s'estompait rapidement.

Тик проиграл больше всех, потому что был свежее, но быстро терял форму.

Et Buck, toujours en tête, ne maintenait plus l'ordre ni ne le faisait respecter.

А Бак, все еще остававшийся лидером, больше не поддерживал порядок и не обеспечивал его.

À moitié aveugle à cause de sa faiblesse, Buck suivit la piste au toucher seul.

Бак, наполовину ослепший от слабости, пошел по следу на ощупь.

C'était un beau temps printanier, mais aucun d'entre eux ne l'a remarqué.

Стояла прекрасная весенняя погода, но никто из них этого не замечал.

Chaque jour, le soleil se levait plus tôt et se couchait plus tard qu'avant.

Каждый день солнце вставало раньше и садилось позже, чем прежде.

À trois heures du matin, l'aube était arrivée ; le crépuscule durait jusqu'à neuf heures.

К трем часам утра наступил рассвет; сумерки продолжались до девяти.

Les longues journées étaient remplies du plein soleil printanier.

Долгие дни были наполнены ярким весенним солнцем.

Le silence fantomatique de l'hiver s'était transformé en un murmure chaleureux.

Призрачная тишина зимы сменилась теплым шепотом.

Toute la terre s'éveillait, animée par la joie des êtres vivants.

Вся земля просыпалась, полная радости жизни.

Le bruit provenait de ce qui était resté mort et immobile pendant l'hiver.

Звук исходил от того, что лежало мертвым и неподвижным всю зиму.

Maintenant, ces choses bougeaient à nouveau, secouant le long sommeil de gel.

Теперь эти твари снова зашевелились, стряхивая с себя долгий морозный сон.

La sève montait à travers les troncs sombres des pins en attente.

Сок поднимался по темным стволам ожидающих сосен.

Les saules et les trembles font apparaître de jeunes bourgeons brillants sur chaque brindille.

На каждой веточке ив и осин распускаются яркие молодые почки.

Les arbustes et les vignes se parent d'un vert frais tandis que les bois prennent vie.

Лес оживает, кустарники и виноградные лозы зеленеют.

Les grillons chantaient la nuit et les insectes rampaient au soleil.

Ночью стрекотали сверчки, а днем на солнце ползали насекомые.

Les perdrix résonnaient et les pics frappaient profondément dans les arbres.

Куропатки кричали, а дятлы стучали глубоко в деревьях.

Les écureuils bavardaient, les oiseaux chantaient et les oies klaxonnaient au-dessus des chiens.

Белки болтали, птицы пели, а гуси кричали над собаками.

Les oiseaux sauvages arrivaient en groupes serrés, volant vers le haut depuis le sud.

Дичь прилетела острыми клиньями с юга.

De chaque colline venait la musique des ruisseaux cachés et impétueux.

Со всех склонов холмов доносилась музыка скрытых, бурных ручьев.

Toutes choses ont dégelé et se sont brisées, se sont pliées et ont repris leur mouvement.

Все оттаяло и сломалось, согнулось и снова пришло в движение.

Le Yukon s'efforçait de briser les chaînes de froid de la glace gelée.

Юкон изо всех сил пытался разорвать холодные цепи замерзшего льда.

La glace fondait en dessous, tandis que le soleil la faisait fondre par le dessus.

Лед таял снизу, а солнце плавило его сверху.

Des trous d'aération se sont ouverts, des fissures se sont propagées et des morceaux sont tombés dans la rivière.

Открылись воздушные отверстия, появились трещины, и куски породы упали в реку.

Au milieu de toute cette vie débordante et flamboyante, les voyageurs titubaient.

Среди всей этой бурлящей и пылающей жизни путники шатались.

Deux hommes, une femme et une meute de huskies marchaient comme des morts.

Двое мужчин, женщина и стая хаски шли как мертвые.

Les chiens tombaient, Mercedes pleurait, mais continuait à conduire le traîneau.

Собаки падали, Мерседес плакала, но все равно ехала в санях.

Hal jura faiblement et Charles cligna des yeux à travers ses yeux larmoyants.

Хэл слабо выругался, а Чарльз моргнул сквозь слезящиеся глаза.

Ils tombèrent sur le camp de John Thornton à l'embouchure de la rivière White.

Они наткнулись на лагерь Джона Торнтона у устья реки Уайт.

Lorsqu'ils s'arrêtèrent, les chiens s'effondrèrent, comme s'ils étaient tous morts.

Когда они остановились, собаки упали на землю, как будто все они были поражены смертью.

Mercedes essuya ses larmes et regarda John Thornton.

Мерседес вытерла слезы и посмотрела на Джона Торнтона.

Charles s'assit sur une bûche, lentement et raidement, souffrant du sentier.

Чарльз сидел на бревне, медленно и неподвижно, испытывая боль от долгой дороги.

Hal parlait pendant que Thornton sculptait l'extrémité d'un manche de hache.

Хэл говорил, пока Торнтон вырезал конец топора.

Il taillait du bois de bouleau et répondait par des réponses brèves et fermes.

Он строгал березовые дрова и отвечал краткими, но твёрдыми ответами.

Lorsqu'on lui a demandé son avis, il a donné des conseils, certain qu'ils ne seraient pas suivis.

Когда его об этом спросили, он дал совет, будучи уверенным, что ему не последуют.

Hal a expliqué : « Ils nous ont dit que la glace du sentier disparaissait. »

Хэл объяснил: «Они сказали нам, что лед на тропе тает».

« Ils ont dit que nous devions rester sur place, mais nous sommes arrivés à White River. »

«Они сказали, что нам следует оставаться на месте, но мы добрались до Уайт-Ривер».

Il a terminé sur un ton moqueur, comme pour crier victoire dans les difficultés.

Он закончил насмешливым тоном, как будто хотел провозгласить победу в невзгодах.

. « Et ils t'ont dit la vérité », répondit doucement John Thornton à Hal.

«И они сказали тебе правду», — тихо ответил Хэлу Джон Торнтон.

« La glace peut céder à tout moment, elle est prête à tomber. »

«Лед может рухнуть в любой момент — он готов упасть».

« Seuls un peu de chance et des imbéciles ont pu arriver jusqu'ici en vie. »

«Только слепая удача и дураки могли добраться до этого места живыми».

« Je vous le dis franchement, je ne risquerais pas ma vie pour tout l'or de l'Alaska. »

«Я вам прямо говорю, я бы не рискнул своей жизнью даже за все золото Аляски».

« C'est parce que tu n'es pas un imbécile, je suppose », répondit Hal.

«Это потому, что ты не дурак, я полагаю», — ответил Хэл.

« Tout de même, nous irons à Dawson. » Il déroula son fouet.

«Тем не менее, мы поедем в Доусон». Он развернул хлыст.

« Monte là-haut, Buck ! Salut ! Debout ! Vas-y ! » cria-t-il durement.

«Вставай, Бак! Эй! Вставай! Вперед!» — крикнул он резко.

Thornton continuait à tailler, sachant que les imbéciles n'entendraient pas la raison.

Торнтон продолжал строгать, зная, что дураки не станут слушать доводы разума.

Arrêter un imbécile était futile, et deux ou trois imbéciles ne changeaient rien.

Останавливать дурака было бесполезно, а двое или трое одураченных ничего не изменяли.

Mais l'équipe n'a pas bougé au son de l'ordre de Hal.

Но команда не двинулась с места по команде Хэла.

Désormais, seuls les coups pouvaient les faire se relever et avancer.

Теперь только удары могли заставить их подняться и двинуться вперед.

Le fouet claquait encore et encore sur les chiens affaiblis.

Кнут снова и снова хлестал по ослабевшим собакам.

John Thornton serra fermement ses lèvres et regarda en silence.

Джон Торнтон крепко сжал губы и молча наблюдал.

Solleks fut le premier à se relever sous le fouet.

Первым под плетью поднялся на ноги Соллекс.

Puis Teek le suivit, tremblant. Joe poussa un cri en se relevant.

Затем Тик последовал за ним, дрожа. Джо вскрикнул, спотыкаясь.

Pike a essayé de se relever, a échoué deux fois, puis est finalement resté debout, chancelant.

Пайк попытался подняться, дважды потерпел неудачу и, наконец, встал, пошатнувшись.

Mais Buck resta là où il était tombé, sans bouger du tout cette fois.

Но Бак лежал там, где упал, и все это время не двигался.

Le fouet le frappait à plusieurs reprises, mais il ne faisait aucun bruit.

Кнут хлестал его снова и снова, но он не издавал ни звука.

Il n'a pas bronché ni résisté, il est simplement resté immobile et silencieux.

Он не дрогнул и не сопротивлялся, просто оставался неподвижным и тихим.

Thornton remua plus d'une fois, comme pour parler, mais ne le fit pas.

Торнтон несколько раз пошевелился, как будто собираясь что-то сказать, но не сказал.

Ses yeux s'humidifièrent, et le fouet continuait à claquer contre Buck.

Глаза его увлажнились, а кнут продолжал хлестать Бэка.

Finalement, Thornton commença à marcher lentement, ne sachant pas quoi faire.

Наконец Торнтон начал медленно ходить, не зная, что делать.

C'était la première fois que Buck échouait, et Hal devint furieux.

Это был первый раз, когда Бак потерпел неудачу, и Хэл пришел в ярость.

Il a jeté le fouet et a pris la lourde massue à la place.

Он бросил кнут и вместо него поднял тяжелую дубинку.

Le gourdin en bois s'abattit violemment, mais Buck ne se releva toujours pas pour bouger.

Деревянная дубинка с силой опустилась, но Бак все еще не двинулся с места.

Comme ses coéquipiers, il était trop faible, mais plus que cela.

Как и его товарищи по команде, он был слишком слаб, но дело было не только в этом.

Buck avait décidé de ne pas bouger, quoi qu'il arrive.

Бак решил не двигаться с места, что бы ни случилось дальше.

Il sentait quelque chose de sombre et de certain planer juste devant lui.

Он чувствовал, как что-то темное и определенное парит прямо впереди.

Cette peur l'avait saisi dès qu'il avait atteint la rive du fleuve.

Этот страх охватил его, как только он достиг берега реки.

Cette sensation ne l'avait pas quitté depuis qu'il sentait la glace s'amincir sous ses pattes.

Это чувство не покидало его с тех пор, как он почувствовал, что лед под его лапами стал тонким.

Quelque chose de terrible l'attendait – il le sentait juste au bout du sentier.

Что-то ужасное ждало его — он чувствовал это где-то далеко, на тропе.

Il n'allait pas marcher vers cette terrible chose devant lui.

Он не собирался идти навстречу тому ужасному, что было впереди.

Il n'allait pas obéir à un quelconque ordre qui le conduirait à cette chose.

Он не собирался подчиняться никакому приказу, который бы привел его к этому.

La douleur des coups ne l'atteignait plus guère, il était trop loin.

Боль от ударов теперь почти не затрагивала его — он был слишком слаб.

L'étincelle de vie vacillait faiblement, s'affaiblissant sous chaque coup cruel.

Искра жизни мерцала слабо, тускнея под каждым жестоким ударом.

Ses membres semblaient lointains ; tout son corps semblait appartenir à un autre.

Его конечности казались далекими; все его тело, казалось, принадлежало кому-то другому.

Il ressentit un étrange engourdissement alors que la douleur disparaissait complètement.

Он почувствовал странное онемение, когда боль полностью утихла.

De loin, il sentait qu'il était battu, mais il le savait à peine.

Издалека он чувствовал, что его бьют, но едва ли осознавал это.

Il pouvait entendre les coups sourds faiblement, mais ils ne faisaient plus vraiment mal.

Он слышал слабые удары, но они уже не причиняли ему особой боли.

Les coups ont porté, mais son corps ne semblait plus être le sien.

Удары достигали цели, но его тело больше не казалось ему собственным.

Puis, soudain, sans prévenir, John Thornton poussa un cri sauvage.

И вдруг, без всякого предупреждения, Джон Торнтон издал дикий крик.

C'était inarticulé, plus le cri d'une bête que celui d'un homme.

Это был нечленораздельный крик, больше похожий на крик зверя, чем на крик человека.

Il sauta sur l'homme avec la massue et renversa Hal en arrière.

Он прыгнул на человека с дубинкой и отбросил Хэла назад.

Hal vola comme s'il avait été frappé par un arbre, atterrissant durement sur le sol.

Хэл отлетел, словно его ударило дерево, и тяжело приземлился на землю.

Mercedes a crié de panique et s'est agrippée au visage.

Мерседес в панике громко закричала и схватилась за лицо.

Charles se contenta de regarder, s'essuya les yeux et resta assis.

Чарльз только посмотрел, вытер глаза и остался сидеть.

Son corps était trop raide à cause de la douleur pour se lever ou aider au combat.

Его тело было слишком окоченевшим от боли, чтобы подняться или помочь в борьбе.

Thornton se tenait au-dessus de Buck, tremblant de fureur, incapable de parler.

Торнтон стоял над Баком, дрожа от ярости и не в силах вымолвить ни слова.

Il tremblait de rage et luttait pour trouver sa voix à travers elle.

Он дрожал от ярости и пытался найти в себе силы обрести голос.

« Si tu frappes encore ce chien, je te tue », dit-il finalement.

«Если ты еще раз ударишь эту собаку, я тебя убью», — наконец сказал он.

Hal essuya le sang de sa bouche et s'avança à nouveau.

Хэл вытер кровь со рта и снова вышел вперед.

« C'est mon chien », murmura-t-il. « Dégage, ou je te répare. »

«Это моя собака, — пробормотал он. — Уйди с дороги, или я тебя вылечу».

« Je vais à Dawson, et vous ne m'en empêcherez pas », a-t-il ajouté.

«Я поеду в Доусон, и вы меня не остановите», — добавил он.

Thornton se tenait fermement entre Buck et le jeune homme en colère.

Торнтон твердо стоял между Баком и разгневанным молодым человеком.

Il n'avait aucune intention de s'écarter ou de laisser passer Hal.

Он не собирался отходить в сторону или пропускать Хэла.

Hal sortit son couteau de chasse, long et dangereux à la main.

Хэл вытащил свой охотничий нож, длинный и опасный в руке.

Mercedes a crié, puis pleuré, puis ri dans une hystérie sauvage.

Мерседес закричала, потом заплакала, а потом рассмеялась в дикой истерике.

Thornton frappa la main de Hal avec le manche de sa hache, fort et vite.

Торнтон резко и быстро ударил Хэла по руке рукояткой топора.

Le couteau s'est détaché de la main de Hal et a volé au sol.

Нож выскользнул из рук Хэла и полетел на землю.

Hal essaya de ramasser le couteau, et Thornton frappa à nouveau ses jointures.

Хэл попытался поднять нож, но Торнтон снова постучал ему по костяшкам пальцев.

Thornton se baissa alors, attrapa le couteau et le tint.

Затем Торнтон наклонился, схватил нож и задержал его.

D'un coup rapide de manche de hache, il coupa les rênes de Buck.

Двумя быстрыми ударами топора он перерезал поводья Бэка.

Hal n'avait plus aucune résistance et s'éloigna du chien.

У Хэла не осталось сил бороться, и он отступил от собаки.

De plus, Mercedes avait désormais besoin de ses deux bras pour se maintenir debout.

Кроме того, теперь Мерседес нужны были обе руки, чтобы удерживаться в вертикальном положении.

Buck était trop proche de la mort pour pouvoir à nouveau tirer un traîneau.

Бэк был слишком близок к смерти, чтобы снова пригодиться для того, чтобы тянуть сани.

Quelques minutes plus tard, ils se sont retirés et ont descendu la rivière.

Через несколько минут они отчалили и направились вниз по реке.

Buck leva faiblement la tête et les regarda quitter la banque.

Бак слабо поднял голову и смотрел, как они покидают банк.

Pike a mené l'équipe, avec Solleks à l'arrière dans la roue.

Пайк возглавлял команду, а Соллекс замыкал гонку на позиции рулевого.

Joe et Teek marchaient entre eux, tous deux boitant d'épuisement.

Джо и Тик шли между ними, оба хромая от усталости.

Mercedes s'assit sur le traîneau et Hal saisit le long mât.

Мерседес села на сани, а Хэл схватился за длинную стойку.

Charles trébuchait derrière, ses pas maladroits et incertains.

Чарльз спотыкался, его шаги были неуклюжими и неуверенными.

Thornton s'agenouilla près de Buck et chercha doucement des os cassés.

Торнтон опустился на колени рядом с Баком и осторожно ощупал сломанные кости.

Ses mains étaient rudes mais bougeaient avec gentillesse et attention.

Его руки были грубыми, но двигались с добротой и заботой.

Le corps de Buck était meurtri mais ne présentait aucune blessure durable.

Тело Бака было покрыто синяками, но серьезных повреждений не наблюдалось.

Ce qui restait, c'était une faim terrible et une faiblesse quasi totale.

Остались лишь ужасный голод и почти полная слабость.

Au moment où cela fut clair, le traîneau était déjà loin en aval.

К тому времени, как это стало ясно, сани уже ушли далеко вниз по реке.

L'homme et le chien regardaient le traîneau ramper lentement sur la glace fissurée.

Человек и собака наблюдали, как сани медленно ползут по трескающемуся льду.

Puis, ils virent le traîneau s'enfoncer dans un creux.

Затем они увидели, как сани провалились в низину.

Le mât s'est envolé, Hal s'y accrochant toujours en vain.

Стойка взлетела, а Хэл все еще тщетно пытался за нее ухватиться.

Le cri de Mercedes les atteignit à travers la distance froide.

Крик Мерседес донесся до них сквозь холодное расстояние.

Charles se retourna et recula, mais il était trop tard.

Чарльз повернулся и отступил назад, но было слишком поздно.

Une calotte glaciaire entière a cédé et ils sont tous tombés à travers.

Целый ледяной покров рухнул, и все они провалились под него.

Les chiens, le traîneau et les gens ont disparu dans l'eau noire en contrebas.

Собаки, сани и люди исчезли в черной воде внизу.

Il ne restait qu'un large trou dans la glace là où ils étaient passés.

На месте их движения осталась лишь широкая прорубь во льду.

Le fond du sentier s'était affaissé, comme Thornton l'avait prévenu.

Дно тропы обрывалось — как и предупреждал Торнтон.

Thornton et Buck se regardèrent, silencieux pendant un moment.

Торнтон и Бак посмотрели друг на друга и на мгновение замолчали.

« Pauvre diable », dit doucement Thornton, et Buck lui lécha la main.

«Ты бедняга», — тихо сказал Торнтон, и Бак лизнул его руку.

Pour l'amour d'un homme
Ради любви к человеку

John Thornton s'est gelé les pieds dans le froid du mois de décembre précédent.

Джон Торнтон обморозил ноги в холодный декабрь прошлого года.

Ses partenaires l'ont mis à l'aise et l'ont laissé se rétablir seul.

Его партнеры обеспечили ему комфорт и оставили его восстанавливаться в одиночестве.

Ils remontèrent la rivière pour rassembler un radeau de billes de bois pour Dawson.

Они поднялись по реке, чтобы собрать плот из пиловочных бревен для Доусона.

Il boitait encore légèrement lorsqu'il a sauvé Buck de la mort.

Он все еще слегка хромал, когда спас Бака от смерти.

Mais avec le temps chaud qui continue, même cette boiterie a disparu.

Но с сохранением теплой погоды даже эта хромота исчезла.

Allongé au bord de la rivière pendant les longues journées de printemps, Buck se reposait.

Долгими весенними днями Бак отдыхал, лежа на берегу реки.

Il regardait l'eau couler et écoutait les oiseaux et les insectes.

Он наблюдал за текущей водой и слушал птиц и насекомых.

Lentement, Buck reprit ses forces sous le soleil et le ciel.

Постепенно Бак восстановил свои силы под солнцем и небом.

Un repos merveilleux après avoir parcouru trois mille kilomètres.

Отдых после путешествия в три тысячи миль был замечательным.

Buck est devenu paresseux à mesure que ses blessures guérissaient et que son corps se remplissait.

По мере того, как его раны заживали, а тело наполнялось, Бак становился ленивым.

Ses muscles se raffermirent et la chair revint recouvrir ses os.

Его мышцы окрепли, а кости снова покрылись плотью.

Ils se reposaient tous : Buck, Thornton, Skeet et Nig.

Они все отдыхали — Бак, Торнтон, Скит и Ниг.

Ils attendaient le radeau qui allait les transporter jusqu'à Dawson.

Они ждали плот, который должен был доставить их в Доусон.

Skeet était un petit setter irlandais qui s'est lié d'amitié avec Buck.

Скит был маленьким ирландским сеттером, который подружился с Баком.

Buck était trop faible et malade pour lui résister lors de leur première rencontre.

Бак был слишком слаб и болен, чтобы оказать ей сопротивление при их первой встрече.

Skeet avait le trait de guérisseur que certains chiens possèdent naturellement.

У Скита была черта целителя, присущая некоторым собакам от природы.

Comme une mère chatte, elle lécha et nettoya les blessures à vif de Buck.

Подобно кошке-матери, она вылизывала и промывала раны Бака.

Chaque matin, après le petit-déjeuner, elle répétait son travail minutieux.

Каждое утро после завтрака она повторяла свою кропотливую работу.

Buck s'attendait à son aide autant qu'à celle de Thornton.

Бак рассчитывал на ее помощь так же, как и на помощь Торнтона.

Nig était également amical, mais moins ouvert et moins affectueux.

Ниг тоже был дружелюбен, но менее открыт и менее ласков.

Nig était un gros chien noir, à la fois chien de Saint-Hubert et chien de chasse.

Ниг был большой черной собакой, наполовину ищейкой, наполовину дирхаундом.

Il avait des yeux rieurs et une infinie bonne nature dans son esprit.

У него были смеющиеся глаза и бесконечное добродушие.

À la surprise de Buck, aucun des deux chiens n'a montré de jalousie envers lui.

К удивлению Бака, ни одна из собак не проявила к нему ревности.

Skeet et Nig ont tous deux partagé la gentillesse de John Thornton.

И Скит, и Ниг разделяли доброту Джона Торнтона.

À mesure que Buck devenait plus fort, ils l'ont attiré dans des jeux de chiens stupides.

Когда Бак окреп, они вовлекли его в глупые собачьи игры.

Thornton jouait souvent avec eux aussi, incapable de résister à leur joie.

Торнтон тоже часто играл с ними, не в силах устоять перед их радостью.

De cette manière ludique, Buck est passé de la maladie à une nouvelle vie.

Таким образом, играя, Бак перешел от болезни к новой жизни.

L'amour – un amour véritable, brûlant et passionné – était enfin à lui.

Любовь — настоящая, пылкая и страстная любовь — наконец-то досталась ему.

Il n'avait jamais connu ce genre d'amour dans le domaine de Miller.

Он никогда не знал такой любви в поместье Миллера.

Avec les fils du juge, il avait partagé le travail et l'aventure.

С сыновьями судьи он делил работу и приключения.

Chez les petits-fils, il vit une fierté raide et vantarde.

У внуков он видел наглую и хвастливую гордость.

Il entretenait avec le juge Miller lui-même une amitié respectueuse.

С самим судьей Миллером у него были уважительные дружеские отношения.

Mais l'amour qui était feu, folie et adoration est venu avec Thornton.

Но любовь, которая была огнем, безумием и поклонением, пришла с Торнтоном.

Cet homme avait sauvé la vie de Buck, et cela seul signifiait beaucoup.

Этот человек спас жизнь Бак, и одно это уже имело огромное значение.

Mais plus que cela, John Thornton était le type de maître idéal.

Но, что еще важнее, Джон Торнтон был идеальным мастером.

D'autres hommes s'occupaient de chiens par devoir ou par nécessité professionnelle.

Другие мужчины заботились о собаках из-за служебных обязанностей или деловой необходимости.

John Thornton prenait soin de ses chiens comme s'ils étaient ses enfants.

Джон Торнтон заботился о своих собаках, как будто они были его детьми.

Il prenait soin d'eux parce qu'il les aimait et qu'il ne pouvait tout simplement pas s'en empêcher.

Он заботился о них, потому что любил их и просто не мог с собой ничего поделать.

John Thornton a vu encore plus loin que la plupart des hommes n'ont jamais réussi à voir.

Джон Торнтон видел даже дальше, чем когда-либо удавалось увидеть большинству людей.

Il n'oubliait jamais de les saluer gentiment ou de leur adresser un mot d'encouragement.

Он никогда не забывал поприветствовать их или сказать им ободряющее слово.

Il adorait s'asseoir avec les chiens pour de longues conversations, ou « gazeuses », comme il disait.

Он любил сидеть с собаками и долго беседовать, или «газировать», как он говорил.

Il aimait saisir brutalement la tête de Buck entre ses mains fortes.

Ему нравилось грубо сжимать голову Бака своими сильными руками.

Puis il posa sa tête contre celle de Buck et le secoua doucement.

Затем он прислонил свою голову к голове Бака и легонько потряс его.

Pendant tout ce temps, il traitait Buck de noms grossiers qui signifiaient de l'amour pour Buck.

Все это время он называл Бака грубыми словами, которые означали для него любовь.

Pour Buck, cette étreinte brutale et ces mots ont apporté une joie profonde.

Для Бак эти грубые объятия и эти слова принесли глубокую радость.

Son cœur semblait se déchaîner de bonheur à chaque mouvement.

Казалось, его сердце сотрясалось от счастья при каждом движении.

Lorsqu'il se releva ensuite, sa bouche semblait rire.

Когда он вскочил, его рот выглядел так, будто он смеялся.

Ses yeux brillaient et sa gorge tremblait d'une joie inexprimée.

Глаза его ярко сияли, а горло дрожало от невысказанной радости.

Son sourire resta figé dans cet état d'émotion et d'affection rayonnante.

Его улыбка застыла в этом состоянии эмоций и сияющей привязанности.

Thornton s'exclama alors pensivement : « Mon Dieu ! Il peut presque parler ! »

Затем Торнтон задумчиво воскликнул: «Боже! Он почти может говорить!»

Buck avait une étrange façon d'exprimer son amour qui causait presque de la douleur.

У Бака был странный способ выражать любовь, который едва не причинял боль.

Il serrait souvent très fort la main de Thornton entre ses dents.

Он часто очень крепко сжимал зубами руку Торнтона.

La morsure allait laisser des marques profondes qui resteraient un certain temps après.

Укус должен был оставить глубокие следы, которые сохранялись еще некоторое время.

Buck croyait que ces serments étaient de l'amour, et Thornton savait la même chose.

Бак верил, что эти клятвы были любовью, и Торнтон знал то же самое.

Le plus souvent, l'amour de Buck se manifestait par une adoration silencieuse, presque silencieuse.

Чаще всего любовь Бака проявлялась в тихом, почти безмолвном обожании.

Bien qu'il soit ravi lorsqu'on le touche ou qu'on lui parle, il ne cherche pas à attirer l'attention.

Хотя он и радовался, когда к нему прикасались или говорили, он не искал внимания.

Skeet a poussé son nez sous la main de Thornton jusqu'à ce qu'il la caresse.

Скит ткнула носом в руку Торнтона, пока он не погладил ее.

Nig s'approcha tranquillement et posa sa grosse tête sur le genou de Thornton.

Ниг тихо подошел и положил свою большую голову на колено Торнтона.

Buck, au contraire, se contentait d'aimer à distance respectueuse.

Бак, напротив, довольствовался любовью на почтительном расстоянии.

Il resta allongé pendant des heures aux pieds de Thornton, alerte et observant attentivement.

Он часами лежал у ног Торнтона, настороженно и внимательно наблюдая.

Buck étudiait chaque détail du visage de son maître et le moindre mouvement.

Бэк изучал каждую деталь лица своего хозяина и малейшее движение.

Ou bien il était allongé plus loin, étudiant la silhouette de l'homme en silence.

Или лежала подальше, молча изучая очертания мужчины.

Buck observait chaque petit mouvement, chaque changement de posture ou de geste.

Бак следил за каждым маленьким движением, за каждым изменением позы или жеста.

Ce lien était si puissant qu'il attirait souvent le regard de Thornton.

Эта связь была настолько сильной, что часто приковывала к себе взгляд Торнтона.

Il rencontra les yeux de Buck sans un mot, l'amour brillant clairement à travers.

Он молча встретился взглядом с Баком, в котором ясно читалась любовь.

Pendant longtemps après avoir été sauvé, Buck n'a jamais laissé Thornton hors de vue.

После своего спасения Бак долгое время не выпускал Торнтона из виду.

Chaque fois que Thornton quittait la tente, Buck le suivait de près à l'extérieur.

Всякий раз, когда Торнтон выходил из палатки, Бак следовал за ним по пятам.

Tous les maîtres sévères du Northland avaient fait que Buck avait peur de faire confiance.

Все суровые хозяева Севера заставили Бэка бояться доверять.

Il craignait qu'aucun homme ne puisse rester son maître plus d'un court instant.

Он боялся, что ни один человек не сможет оставаться его хозяином дольше короткого времени.

Il craignait que John Thornton ne disparaisse comme Perrault et François.

Он боялся, что Джон Торнтон исчезнет, как Перро и Франсуа.

Même la nuit, la peur de le perdre hantait le sommeil agité de Buck.

Даже ночью страх потерять его преследовал беспокойный сон Бака.

Quand Buck se réveilla, il se glissa dehors dans le froid et se dirigea vers la tente.

Когда Бак проснулся, он выполз на холод и пошёл в палатку.

Il écoutait attentivement le doux bruit de la respiration à l'intérieur.

Он внимательно прислушивался к тихому звуку дыхания внутри.

Malgré l'amour profond de Buck pour John Thornton, la nature sauvage est restée vivante.

Несмотря на глубокую любовь Бака к Джону Торнтону, дикая природа осталась жива.

Cet instinct primitif, éveillé dans le Nord, n'a pas disparu.

Этот первобытный инстинкт, пробудившийся на Севере, не исчез.

L'amour a apporté la dévotion, la loyauté et le lien chaleureux du coin du feu.

Любовь принесла с собой преданность, верность и теплые узы, которые дарил нам домашний очаг.

Mais Buck a également conservé son instinct sauvage, vif et toujours en alerte.

Но Бак сохранил свои дикие инстинкты, острые и всегда бдительные.

Il n'était pas seulement un animal de compagnie apprivoisé venu des terres douces de la civilisation.

Он был не просто прирученным питомцем из мягких краев цивилизации.

Buck était un être sauvage qui était venu s'asseoir près du feu de Thornton.

Бак был диким существом, пришедшим посидеть у огня Торнтона.

Il ressemblait à un chien du Southland, mais la sauvagerie vivait en lui.

Он был похож на собаку из Саутленда, но в нем жила дикость.

Son amour pour Thornton était trop grand pour permettre de voler cet homme.

Его любовь к Торнтону была слишком велика, чтобы позволить этому человеку что-то украсть.

Mais dans n'importe quel autre camp, il volerait avec audace et sans relâche.

Но в любом другом лагере он воровал бы смело и без промедления.

Il était si habile à voler que personne ne pouvait l'attraper ou l'accuser.

Он был настолько искусен в воровстве, что никто не мог его поймать или обвинить.

Son visage et son corps étaient couverts de cicatrices dues à de nombreux combats passés.

Его лицо и тело были покрыты шрамами от многочисленных прошлых боев.

Buck se battait toujours avec acharnement, mais maintenant il se battait avec plus de ruse.

Бак по-прежнему яростно сражался, но теперь он сражался более хитро.

Skeet et Nig étaient trop doux pour se battre, et ils appartenaient à Thornton.

Скит и Ниг были слишком слабы, чтобы сражаться, и они принадлежали Торнтону.

Mais tout chien étranger, aussi fort ou courageux soit-il, cédait.

Но любая чужая собака, какой бы сильной и храброй она ни была, сдавалась.

Sinon, le chien se retrouvait à lutter contre Buck, à se battre pour sa vie.

В противном случае собаке пришлось бы сражаться с Бэком, бороться за свою жизнь.

Buck n'a eu aucune pitié une fois qu'il a choisi de se battre contre un autre chien.

Бэк не знал жалости, когда решал вступить в схватку с другой собакой.

Il avait bien appris la loi du gourdin et des crocs dans le Nord.

Он хорошо усвоил закон дубинки и клыка в Северных землях.

Il n'a jamais abandonné un avantage et n'a jamais reculé devant la bataille.

Он никогда не упускал преимущества и никогда не отступал от битвы.

Il avait étudié les Spitz et les chiens les plus féroces de la poste et de la police.

Он изучал шпицев и самых свирепых почтовых и полицейских собак.

Il savait clairement qu'il n'y avait pas de juste milieu dans un combat sauvage.

Он ясно понимал, что в жестокой схватке не может быть золотой середины.

Il doit gouverner ou être gouverné ; faire preuve de miséricorde signifie faire preuve de faiblesse.

Он должен был править или быть управляемым; проявить милосердие означало проявить слабость.

La miséricorde était inconnue dans le monde brut et brutal de la survie.

В этом грубом и жестоком мире выживания милосердие было неведомо.

Faire preuve de miséricorde était perçu comme de la peur, et la peur menait rapidement à la mort.

Проявление милосердия воспринималось как страх, а страх быстро приводил к смерти.

L'ancienne loi était simple : tuer ou être tué, manger ou être mangé.

Старый закон был прост: убей или будешь убит, ешь или будешь съеден.

Cette loi venait des profondeurs du temps, et Buck la suivait pleinement.

Этот закон пришел из глубины веков, и Бак следовал ему неукоснительно.

Buck était plus vieux que son âge et que le nombre de respirations qu'il prenait.

Бак был старше своих лет и старше, чем предполагалось, судя по количеству сделанных им вдохов.

Il a clairement relié le passé ancien au moment présent.

Он ясно связал древнее прошлое с настоящим моментом.

Les rythmes profonds des âges le traversaient comme les marées.

Глубокие ритмы веков проносились сквозь него, словно приливы и отливы.

Le temps pulsait dans son sang aussi sûrement que les saisons faisaient bouger la terre.

Время пульсировало в его крови так же уверенно, как времена года двигали Землю.

Il était assis près du feu de Thornton, la poitrine forte et les crocs blancs.

Он сидел у костра Торнтона, с мощной грудью и белыми клыками.

Sa longue fourrure ondulait, mais derrière lui, les esprits des chiens sauvages observaient.

Его длинная шерсть развевалась, но за ним наблюдали духи диких собак.

Des demi-loups et des loups à part entière s'agitaient dans son cœur et dans ses sens.

В его сердце и чувствах шевелились полуволки и полные волки.

Ils goûtèrent sa viande et burent la même eau que lui.

Они попробовали его мясо и выпили ту же воду, что и он.

Ils reniflaient le vent à ses côtés et écoutaient la forêt.

Они шли рядом с ним и принюхивались к ветру и лесу.

Ils murmuraient la signification des sons sauvages dans l'obscurité.

Они нашептывали в темноте значение диких звуков.

Ils façonnaient ses humeurs et guidaient chacune de ses réactions silencieuses.

Они формировали его настроение и направляли каждую из его тихих реакций.

Ils se sont couchés avec lui pendant son sommeil et sont devenus une partie de ses rêves profonds.

Они лежали рядом с ним, пока он спал, и стали частью его глубоких снов.

Ils rêvaient avec lui, au-delà de lui, et constituaient son esprit même.

Они мечтали вместе с ним, за его пределами и составляли его душу.

Les esprits de la nature appelèrent si fort que Buck se sentit attiré.

Духи дикой природы звали его так сильно, что Бак почувствовал притяжение.

Chaque jour, l'humanité et ses revendications s'affaiblissaient dans le cœur de Buck.

С каждым днем человечество и его притязания становились все слабее в сердце Бака.

Au plus profond de la forêt, un appel étrange et palpitant allait s'élever.

Где-то в глубине леса раздался странный и волнующий зов.

Chaque fois qu'il entendait l'appel, Buck ressentait une envie à laquelle il ne pouvait résister.

Каждый раз, когда Бак слышал этот зов, он чувствовал желание, которому не мог противиться.

Il allait se détourner du feu et des sentiers battus des humains.

Он собирался отвернуться от огня и от проторенных человеческих путей.

Il allait s'enfoncer dans la forêt, avançant sans savoir pourquoi.

Он собирался нырнуть в лес, двигаясь вперед, сам не зная зачем.

Il ne remettait pas en question cette attraction, car l'appel était profond et puissant.

Он не подвергал сомнению этот призыв, поскольку зов был глубоким и сильным.

Souvent, il atteignait l'ombre verte et la terre douce et intacte

Часто он достигал зеленой тени и мягкой нетронутой земли.

Mais ensuite, son amour profond pour John Thornton l'a ramené vers le feu.

Но затем сильная любовь к Джону Торнтону снова вернула его к огню.

Seul John Thornton tenait véritablement le cœur sauvage de Buck entre ses mains.

Только Джон Торнтон по-настоящему держал в своих руках дикое сердце Бака.

Le reste de l'humanité n'avait aucune valeur ni signification durable pour Buck.

Остальное человечество не имело для Бака никакой непреходящей ценности или значения.

Les étrangers pourraient le féliciter ou caresser sa fourrure avec des mains amicales.

Незнакомцы могут хвалить его или дружески гладить его шерсть.

Buck resta impassible et s'éloigna à cause de trop d'affection.

Бэк остался невозмутим и отошел от избытка чувств.

Hans et Pete sont arrivés avec le radeau qu'ils attendaient depuis longtemps

Ганс и Пит прибыли на плоту, которого долго ждали.

Buck les a ignorés jusqu'à ce qu'il apprenne qu'ils étaient proches de Thornton.

Бак игнорировал их, пока не узнал, что они находятся недалеко от Торнтона.

Après cela, il les a tolérés, mais ne leur a jamais montré toute sa chaleur.

После этого он терпел их, но никогда не проявлял к ним полной теплоты.

Il prenait de la nourriture ou des marques de gentillesse de leur part comme s'il leur rendait service.

Он принимал от них еду и ласку, как будто делал им одолжение.

Ils étaient comme Thornton : simples, honnêtes et clairs dans leurs pensées.

Они были похожи на Торнтона — простые, честные и с ясными мыслями.

Tous ensemble, ils se rendirent à la scierie de Dawson et au grand tourbillon

Все вместе они отправились на лесопилку Доусона и к большому водовороту.

Au cours de leur voyage, ils ont appris à comprendre profondément la nature de Buck.

Во время своего путешествия они научились глубоко понимать натуру Бака.

Ils n'ont pas essayé de se rapprocher comme Skeet et Nig l'avaient fait.

Они не пытались сблизиться, как Скит и Ниг.

Mais l'amour de Buck pour John Thornton n'a fait que s'approfondir avec le temps.

Но любовь Бака к Джону Торнтону со временем только крепла.

Seul Thornton pouvait placer un sac sur le dos de Buck en été.

Только Торнтон мог летом накинуть рюкзак на спину Бэка.

Quoi que Thornton ordonne, Buck était prêt à l'exécuter pleinement.

Что бы ни приказал Торнтон, Бак был готов выполнить в полном объеме.

Un jour, après avoir quitté Dawson pour les sources du Tanana,

Однажды, после того как они покинули Доусон и направились к верховьям Тананы,

le groupe était assis sur une falaise qui descendait d'un mètre jusqu'au substrat rocheux nu.

Группа сидела на скале, обрывавшейся на три фута к голой скале.

John Thornton était assis près du bord et Buck se reposait à côté de lui.

Джон Торнтон сидел у края, а Бак отдыхал рядом с ним.

Thornton eut une pensée soudaine et attira l'attention des hommes.

Торнтону внезапно пришла в голову мысль, и он привлек внимание мужчин.

Il désigna le gouffre et donna un seul ordre à Buck.

Он указал на пропасть и отдал Бак одну команду.

« Saute, Buck ! » dit-il en balançant son bras au-dessus de la chute.

«Прыгай, Бак!» — сказал он, замахнувшись рукой над пропастью.

En un instant, il dut attraper Buck, qui sautait pour obéir.

Через мгновение ему пришлось схватить Бака, который прыгнул, чтобы повиноваться.

Hans et Pete se sont précipités en avant et ont ramené les deux hommes en sécurité.

Ганс и Пит бросились вперед и оттащили обоих в безопасное место.

Une fois que tout fut terminé et qu'ils eurent repris leur souffle, Pete prit la parole.

Когда все закончилось и они перевели дух, заговорил Пит.

« L'amour est étrange », dit-il, secoué par la dévotion féroce du chien.

«Эта любовь сверхъестественна», — сказал он, потрясенный яростной преданностью собаки.

Thornton secoua la tête et répondit avec un sérieux calme.

Торнтон покачал головой и ответил со спокойной серьезностью.

« Non, l'amour est splendide », dit-il, « mais aussi terrible. »

«Нет, любовь прекрасна, — сказал он, — но и ужасна».

« Parfois, je dois l'admettre, ce genre d'amour me fait peur. »

«Иногда, должен признаться, такая любовь пугает меня».

Pete hocha la tête et dit : « Je détesterais être l'homme qui te touche. »

Пит кивнул и сказал: «Я бы не хотел быть тем мужчиной, который тебя коснется».

Il regarda Buck pendant qu'il parlait, sérieux et plein de respect.

Говоря это, он смотрел на Бака серьезно и с уважением.

« Py Jingo ! » s'empressa de dire Hans. « Moi non plus, non monsieur. »

«Py Jingo!» — быстро сказал Ганс. «Я тоже, нет, сэр».

Avant la fin de l'année, les craintes de Pete se sont réalisées à Circle City.

Еще до конца года опасения Пита в Серкл-Сити оправдались.

Un homme cruel nommé Black Burton a provoqué une bagarre dans le bar.

Жестокий человек по имени Блэк Бертон затеял драку в баре.

Il était en colère et malveillant, s'en prenant à un nouveau tendre.

Он был зол и злобен, набрасывался на нового новичка.

John Thornton est intervenu, calme et de bonne humeur comme toujours.

Вошел Джон Торнтон, как всегда спокойный и добродушный.

Buck était allongé dans un coin, la tête baissée, observant Thornton de près.

Бак лежал в углу, опустив голову, и внимательно наблюдал за Торнтоном.

Burton frappa soudainement, son coup envoyant Thornton tourner.

Бёртон внезапно нанес удар, от которого Торнтон развернулся.

Seule la barre du bar l'a empêché de s'écraser violemment au sol.

Только перила бара удержали его от сильного падения на землю.

Les observateurs ont entendu un son qui n'était ni un aboiement ni un cri.

Наблюдатели услышали звук, который не был похож ни на лай, ни на визг.

un rugissement profond sortit de Buck alors qu'il se lançait vers l'homme.

Бак издал глубокий рев, бросившись на мужчину.

Burton a levé le bras et a sauvé sa vie de justesse.

Бертон вскинул руку и едва спас свою жизнь.

Buck l'a percuté, le faisant tomber à plat sur le sol.

Бак врезался в него, сбив его с ног и повалив на пол.

Buck mordit profondément le bras de l'homme, puis se jeta à la gorge.

Бак глубоко впился зубами в руку мужчины, а затем бросился к горлу.

Burton n'a pu bloquer que partiellement et son cou a été déchiré.

Бертон смог лишь частично заблокировать удар, и его шея была разорвана.

Des hommes se sont précipités, les bâtons levés, et ont chassé Buck de l'homme ensanglanté.

Мужчины ворвались туда, подняли дубинки и оттолкнули Бака от истекающего кровью мужчины.

Un chirurgien est intervenu rapidement pour arrêter l'écoulement du sang.

Хирург быстро остановил кровотечение.

Buck marchait de long en large et grognait, essayant d'attaquer encore et encore.

Бэк ходил взад-вперед и рычал, пытаясь атаковать снова и снова.

Seuls les coups de massue l'ont empêché d'atteindre Burton.

Только размахивание дубинками помешало ему добраться до Бертона.

Une réunion de mineurs a été convoquée et tenue sur place.

Тут же на месте был созван и проведен митинг шахтеров.

Ils ont convenu que Buck avait été provoqué et ont voté pour le libérer.

Они согласились, что Бака спровоцировали, и проголосовали за его освобождение.

Mais le nom féroce de Buck résonnait désormais dans tous les camps d'Alaska.

Но свирепое имя Бака теперь разносилось по всем лагерям Аляски.

Plus tard cet automne-là, Buck sauva à nouveau Thornton d'une nouvelle manière.

Позже той осенью Бак снова спас Торнтона, но уже новым способом.

Les trois hommes guidaient un long bateau sur des rapides impétueux.

Трое мужчин вели длинную лодку по бурным порогам.

Thornton dirigeait le bateau et donnait des indications pour se rendre sur le rivage.

Торнтон управлял лодкой, отдавая команды на пути к берегу.

Hans et Pete couraient sur terre, tenant une corde d'arbre en arbre.

Ганс и Пит бежали по суше, держась за веревку от дерева к дереву.

Buck suivait le rythme sur la rive, surveillant toujours son maître.

Бэк шагал по берегу, не сводя глаз с хозяина.

À un endroit désagréable, des rochers surplombaient les eaux vives.

В одном опасном месте из-под быстрой воды торчали камни.

Hans lâcha la corde et Thornton dirigea le bateau vers le large.

Ганс отпустил веревку, и Торнтон направил лодку в сторону.

Hans sprinta pour rattraper le bateau en passant devant les rochers dangereux.

Ганс побежал, чтобы снова догнать лодку, минуя опасные скалы.

Le bateau a franchi le rebord mais a heurté une partie plus forte du courant.

Лодка преодолела уступ, но попала в более сильный участок течения.

Hans a attrapé la corde trop vite et a déséquilibré le bateau.

Ганс схватил веревку слишком быстро и вывел лодку из равновесия.

Le bateau s'est retourné et a heurté la berge, cul en l'air.

Лодка перевернулась и врезалась в берег днищем вверх.

Thornton a été jeté dehors et emporté dans la partie la plus sauvage de l'eau.

Торнтона выбросило за борт и унесло в самое бурное место.

Aucun nageur n'aurait pu survivre dans ces eaux mortelles et tumultueuses.

Ни один пловец не смог бы выжить в этих смертоносных, бурных водах.

Buck sauta instantanément et poursuivit son maître sur la rivière.

Бэк тут же прыгнул в воду и погнался за хозяином вниз по реке.

Après trois cents mètres, il atteignit enfin Thornton.

Пройдя триста ярдов, он наконец добрался до Торнтона.

Thornton attrapa la queue de Buck, et Buck se tourna vers le rivage.

Торнтон схватил Бака за хвост, и тот повернул к берегу.

Il nageait de toutes ses forces, luttant contre la force de l'eau.

Он плыл изо всех сил, борясь с сильным сопротивлением воды.

Ils se déplaçaient en aval plus vite qu'ils ne pouvaient atteindre le rivage.

Они двигались вниз по течению быстрее, чем успевали достичь берега.

Plus loin, la rivière rugissait plus fort alors qu'elle tombait dans des rapides mortels.

Впереди река ревела громче, падая в смертоносные пороги.

Les rochers fendaient l'eau comme les dents d'un énorme peigne.

Камни разрезали воду, словно зубья огромного гребня.

L'attraction de l'eau près de la chute était sauvage et inévitable.

Притяжение воды возле обрыва было диким и неотвратимым.

Thornton savait qu'ils ne pourraient jamais atteindre le rivage à temps.

Торнтон знал, что они не смогут добраться до берега вовремя.

Il a gratté un rocher, s'est écrasé sur un deuxième,

Он прошёлся по одному камню, разбил другой,

Et puis il s'est écrasé contre un troisième rocher, l'attrapant à deux mains.

А затем он врезался в третий камень, схватившись за него обеими руками.

Il lâcha Buck et cria par-dessus le rugissement : « Vas-y, Buck ! Vas-y ! »

Он отпустил Бака и крикнул, перекрывая рёв: «Вперёд, Бак! Вперёд!»

Buck n'a pas pu rester à flot et a été emporté par le courant.

Бак не смог удержаться на плаву и был унесен течением.

Il s'est battu avec acharnement, s'efforçant de se retourner, mais n'a fait aucun progrès.

Он упорно боролся, пытаясь повернуться, но не добился никакого прогресса.

Puis il entendit Thornton répéter l'ordre par-dessus le rugissement de la rivière.

Затем он услышал, как Торнтон повторил команду, перекрывая рев реки.

Buck sortit de l'eau et leva la tête comme pour un dernier regard.

Бак вынырнул из воды и поднял голову, словно для последнего взгляда.

puis il se retourna et obéit, nageant vers la rive avec résolution.

затем повернулся и повиновался, решительно поплыв к берегу.

Pete et Hans l'ont tiré à terre au dernier moment possible.

Пит и Ганс вытащили его на берег в последний возможный момент.

Ils savaient que Thornton ne pourrait s'accrocher au rocher que quelques minutes de plus.

Они знали, что Торнтон сможет продержаться на скале всего несколько минут.

Ils coururent sur la berge jusqu'à un endroit bien au-dessus de l'endroit où il était suspendu.

Они побежали по берегу к месту, намного выше того места, где он висел.

Ils ont soigneusement attaché la ligne du bateau au cou et aux épaules de Buck.

Они осторожно привязали лодочный трос к шее и плечам Бака.

La corde était serrée mais suffisamment lâche pour permettre la respiration et le mouvement.

Веревка была натянута плотно, но достаточно свободно для дыхания и движения.

Puis ils le jetèrent à nouveau dans la rivière tumultueuse et mortelle.

Затем они снова бросили его в бурную, смертоносную реку.

Buck nageait avec audace mais manquait son angle face à la force du courant.

Бак плыл смело, но не попал под струю течения.

Il a vu trop tard qu'il allait dépasser Thornton.

Он слишком поздно понял, что его пронесет мимо Торнтона.

Hans tira fort sur la corde, comme si Buck était un bateau en train de chavirer.

Ганс дернул веревку так, словно Бак был переворачивающейся лодкой.

Le courant l'a entraîné vers le fond et il a disparu sous la surface.

Течение потянуло его под воду, и он исчез под поверхностью.

Son corps a heurté la berge avant que Hans et Pete ne le sortent.

Его тело ударилось о берег, прежде чем Ганс и Пит вытащили его.

Il était à moitié noyé et ils l'ont chassé de l'eau.

Он был полузатоплен, и они выкачали из него воду.

Buck se leva, tituba et s'effondra à nouveau sur le sol.

Бак встал, пошатнулся и снова рухнул на землю.

Puis ils entendirent la voix de Thornton faiblement portée par le vent.

Затем они услышали голос Торнтона, слабо доносимый ветром.

Même si les mots n'étaient pas clairs, ils savaient qu'il était proche de la mort.

Хотя слова были неясны, они знали, что он близок к смерти.

Le son de la voix de Thornton frappa Buck comme une décharge électrique.

Звук голоса Торнтона поразил Бака словно удар током.

Il sauta et courut sur la berge, retournant au point de lancement.

Он вскочил и побежал вверх по берегу, возвращаясь к точке старта.

Ils attachèrent à nouveau la corde à Buck, et il entra à nouveau dans le ruisseau.

Они снова привязали веревку к Бэку, и он снова вошел в ручей.

Cette fois, il nagea directement et fermement dans l'eau tumultueuse.

На этот раз он решительно и прямо поплыл в бурлящую воду.

Hans laissa sortir la corde régulièrement tandis que Pete l'empêchait de s'emmêler.

Ганс плавно отпускал веревку, а Пит следил, чтобы она не запутывалась.

Buck a nagé avec acharnement jusqu'à ce qu'il soit aligné juste au-dessus de Thornton.

Бак плыл изо всех сил, пока не оказался прямо над Торнтоном.

Puis il s'est retourné et a foncé comme un train à toute vitesse.

Затем он повернулся и помчался вниз, словно поезд на полной скорости.

Thornton le vit arriver, se redressa et entoura son cou de ses bras.

Торнтон увидел его, приготовился и обхватил руками его шею.

Hans a attaché la corde fermement autour d'un arbre alors qu'ils étaient tous les deux entraînés sous l'eau.

Ганс крепко привязал веревку к дереву, и их обоих потянуло под воду.

Ils ont dégringolé sous l'eau, s'écrasant contre des rochers et des débris de la rivière.

Они падали под воду, разбиваясь о камни и речной мусор.

Un instant, Buck était au sommet, l'instant d'après, Thornton se levait en haletant.

В один момент Бак был сверху, в следующий момент Торнтон поднялся, задыхаясь.

Battus et étouffés, ils se dirigèrent vers la rive et la sécurité.

Избитые и задыхающиеся, они направились к берегу, в безопасное место.

Thornton a repris connaissance, allongé sur un tronc d'arbre.

Торнтон пришел в сознание, лежа на дрейфующем бревне.

Hans et Pete ont travaillé dur pour lui redonner souffle et vie.

Ганс и Пит упорно трудились, чтобы вернуть ему дыхание и жизнь.

Sa première pensée fut pour Buck, qui gisait immobile et mou.

Его первая мысль была о Баке, который лежал неподвижно и безвольно.

Nig hurla sur le corps de Buck et Skeet lui lécha doucement le visage.

Ниг взвыл над телом Бака, а Скит нежно лизнул его лицо.

Thornton, endolori et meurtri, examina Buck avec des mains prudentes.

Торнтон, весь в синяках и ушибах, осторожно осмотрел Бака.

Il a trouvé trois côtes cassées, mais aucune blessure mortelle chez le chien.

Он обнаружил, что у собаки сломаны три ребра, но смертельных ран не обнаружено.

« C'est réglé », dit Thornton. « On campe ici. » Et c'est ce qu'ils firent.

«Это решает все», — сказал Торнтон. «Мы разобьем лагерь здесь». И они это сделали.

Ils sont restés jusqu'à ce que les côtes de Buck soient guéries et qu'il puisse à nouveau marcher.

Они оставались там до тех пор, пока ребра Бака не зажили и он снова не смог ходить.

Cet hiver-là, Buck accomplit un exploit qui augmenta encore sa renommée.

Той зимой Бак совершил подвиг, который еще больше повысил его славу.

C'était moins héroïque que de sauver Thornton, mais tout aussi impressionnant.

Это было менее героически, чем спасение Торнтона, но столь же впечатляюще.

À Dawson, les partenaires avaient besoin de provisions pour un long voyage.

В Доусоне партнерам понадобились припасы для дальнего путешествия.

Ils voulaient voyager vers l'Est, dans des terres sauvages et intactes.

Они хотели отправиться на Восток, в нетронутые дикие земли.

L'acte de Buck dans l'Eldorado Saloon a rendu ce voyage possible.

Благодаря поступку Бака в салуне «Эльдорадо» эта поездка стала возможной.

Tout a commencé avec des hommes qui se vantaient de leurs chiens en buvant un verre.

Все началось с того, что мужчины хвастались своими собаками за выпивкой.

La renommée de Buck a fait de lui la cible de défis et de doutes.

Слава Бака сделала его объектом вызовов и сомнений.

Thornton, fier et calme, resta ferme dans la défense du nom de Buck.

Торнтон, гордый и спокойный, твердо стоял на защите имени Бака.

Un homme a déclaré que son chien pouvait facilement tirer deux cents kilos.

Один мужчина сказал, что его собака может легко тянуть пятьсот фунтов.

Un autre a dit six cents, et un troisième s'est vanté d'en avoir sept cents.

Другой сказал, что шестьсот, а третий похвастался, что семьсот.

« Pfft ! » dit John Thornton, « Buck peut tirer un traîneau de mille livres. »

«Пфф!» — сказал Джон Торнтон. «Бак может тянуть сани весом в тысячу фунтов».

Matthewson, un roi de Bonanza, s'est penché en avant et l'a défié.

Мэтьюсон, король Бонанзы, наклонился вперед и бросил ему вызов.

« Tu penses qu'il peut mettre autant de poids en mouvement ? »

«Вы думаете, он сможет привести в движение такой вес?»

« Et tu penses qu'il peut tirer le poids sur une centaine de mètres ? »

«И вы думаете, он сможет протянуть этот вес на целых сто ярдов?»

Thornton répondit froidement : « Oui. Buck est assez doué pour le faire. »

Торнтон холодно ответил: «Да. Бак достаточно храбрый, чтобы сделать это».

« Il mettra mille livres en mouvement et le tirera sur une centaine de mètres. »

«Он приведет в движение тысячу фунтов и протащит ее на сто ярдов».

Matthewson sourit lentement et s'assura que tous les hommes entendaient ses paroles.

Мэтьюсон медленно улыбнулся и постарался, чтобы все услышали его слова.

« J'ai mille dollars qui disent qu'il ne peut pas. Le voilà. »

«У меня есть тысяча долларов, которая говорит, что он не сможет. Вот она».

Il a claqué un sac de poussière d'or de la taille d'une saucisse sur le bar.

Он швырнул на стойку бара мешок с золотой пылью размером с сосиску.

Personne ne dit un mot. Le silence devint pesant et tendu autour d'eux.

Никто не сказал ни слова. Тишина вокруг них стала тяжелой и напряженной.

Le bluff de Thornton – s'il en était un – avait été pris au sérieux.

Блеф Торнтона — если это был блеф — был воспринят всерьез.

Il sentit la chaleur monter sur son visage tandis que le sang affluait sur ses joues.

Он почувствовал, как к лицу приливает жар, а кровь прилила к щекам.

Sa langue avait pris le pas sur sa raison à ce moment-là.

В этот момент его язык опередил разум.

Il ne savait vraiment pas si Buck pouvait déplacer mille livres.

Он действительно не знал, сможет ли Бак поднять тысячу фунтов.

Une demi-tonne ! Rien que sa taille lui pesait le cœur.

Полтонны! От одного только размера у него на сердце стало тяжело.

Il avait foi en la force de Buck et le pensait capable.

Он верил в силу Бака и считал его способным.

Mais il n'avait jamais été confronté à ce genre de défi, pas comme celui-ci.

Но он никогда не сталкивался с подобными испытаниями.

Une douzaine d'hommes l'observaient tranquillement, attendant de voir ce qu'il allait faire.

Дюжина мужчин молча наблюдали за ним, ожидая, что он сделает.

Il n'avait pas d'argent, ni Hans ni Pete.

У него не было денег, как и у Ганса с Питом.

« J'ai un traîneau dehors », dit Matthewson froidement et directement.

«У меня на улице есть сани», — холодно и прямо сказал Мэтьюсон.

« Il est chargé de vingt sacs de cinquante livres chacun, tous de farine.

«Он загружен двадцатью мешками, по пятьдесят фунтов каждый, все с мукой.

« Alors ne laissez pas un traîneau manquant devenir votre excuse maintenant », a-t-il ajouté.

Так что не позволяйте пропавшим саням стать вашим оправданием», — добавил он.

Thornton resta silencieux. Il ne savait pas quels mots lui dire.

Торнтон молчал. Он не знал, какие слова предложить.

Il regarda les visages autour de lui sans les voir clairement.

Он оглядел лица, но не мог их ясно разглядеть.

Il ressemblait à un homme figé dans ses pensées, essayant de redémarrer.

Он был похож на человека, застывшего в мыслях и пытающегося начать все сначала.

Puis il a vu Jim O'Brien, un ami de l'époque Mastodon.

Затем он увидел Джима О'Брайена, друга со времен Mastodon.

Ce visage familier lui a donné un courage qu'il ne savait pas avoir.

Это знакомое лицо придало ему смелости, о существовании которой он и не подозревал.

Il se tourna et demanda à voix basse : « Peux-tu me prêter mille ? »

Он повернулся и тихо спросил: «Можете ли вы одолжить мне тысячу?»

« Bien sûr », dit O'Brien, laissant déjà tomber un lourd sac près de l'or.

«Конечно», — сказал О'Брайен, уже сбросив тяжелый мешок с золотом.

« Mais honnêtement, John, je ne crois pas que la bête puisse faire ça. »

«Но, честно говоря, Джон, я не верю, что зверь способен на это».

Tout le monde dans le Saloon Eldorado s'est précipité dehors pour voir l'événement.

Все посетители салуна «Эльдорадо» выбежали на улицу, чтобы посмотреть на событие.

Ils ont laissé les tables et les boissons, et même les jeux ont été interrompus.

Они оставили столы и напитки, и даже игры были приостановлены.

Les croupiers et les joueurs sont venus assister à la fin de ce pari audacieux.

Дилеры и игроки пришли стать свидетелями конца смелого пари.

Des centaines de personnes se sont rassemblées autour du traîneau dans la rue glacée.

Сотни людей собрались вокруг саней на открытой ледяной улице.

Le traîneau de Matthewson était chargé d'une charge complète de sacs de farine.

Сани Мэтьюсона были полностью загружены мешками с мукой.

Le traîneau était resté immobile pendant des heures à des températures négatives.

Сани простояли несколько часов при минусовой температуре.

Les patins du traîneau étaient gelés et collés à la neige tassée.

Полозья саней намертво примерзли к утрамбованному снегу.

Les hommes ont offert une cote de deux contre un que Buck ne pourrait pas déplacer le traîneau.

Мужчины поставили два к одному на то, что Бак не сможет сдвинуть сани.

Une dispute a éclaté sur ce que signifiait réellement « sortir ».

Разгорелся спор о том, что на самом деле означает слово «прорваться».

O'Brien a déclaré que Thornton devrait desserrer la base gelée du traîneau.

О'Брайен сказал, что Торнтону следует ослабить замороженное основание саней.

Buck pourrait alors « sortir » d'un départ solide et immobile.

Затем Бак смог «вырваться» из твердого, неподвижного старта.

Matthewson a soutenu que le chien devait également libérer les coureurs.

Мэтьюсон утверждал, что собака также должна освободить бегунов.

Les hommes qui avaient entendu le pari étaient d'accord avec le point de vue de Matthewson.

Люди, слышавшие о пари, согласились с точкой зрения Мэтьюсона.

Avec cette décision, les chances sont passées à trois contre un contre Buck.

После этого решения шансы на победу Бака возросли до трех к одному.

Personne ne s'est manifesté pour prendre en compte les chances croissantes de trois contre un.

Никто не решился принять растущие шансы три к одному.

Pas un seul homme ne croyait que Buck pouvait accomplir un tel exploit.

Ни один человек не верил, что Бак способен совершить такой великий подвиг.

Thornton s'était précipité dans le pari, lourd de doutes.

Торнтон поспешно заключил пари, полный сомнений.

Il regarda alors le traîneau et l'attelage de dix chiens à côté.

Теперь он посмотрел на сани и упряжку из десяти собак рядом с ними.

En voyant la réalité de la tâche, elle semblait encore plus impossible.

Осознание реальности задачи сделало ее еще более невыполнимой.

Matthewson était plein de fierté et de confiance à ce moment-là.

В тот момент Мэтьюсон был полон гордости и уверенности.

« Trois contre un ! » cria-t-il. « Je parie mille de plus, Thornton !

«Три к одному!» — крикнул он. «Ставлю еще тысячу, Торнтон!

« Que dites-vous ? » ajouta-t-il, assez fort pour que tout le monde l'entende.

Что ты скажешь?» — добавил он достаточно громко, чтобы все услышали.

Le visage de Thornton exprimait ses doutes, mais son esprit s'était élevé.

На лице Торнтона отразились сомнения, но дух его воспрял.

Cet esprit combatif ignorait les probabilités et ne craignait rien du tout.

Этот боевой дух не признавал трудностей и не боялся ничего.

Il a appelé Hans et Pete pour apporter tout leur argent sur la table.

Он позвонил Гансу и Питу, чтобы они принесли все свои деньги.

Il ne leur restait plus grand-chose : seulement deux cents dollars au total.

У них осталось совсем немного — всего двести долларов.

Cette petite somme représentait toute leur fortune pendant les temps difficiles.

Эта небольшая сумма была их единственным богатством в трудные времена.

Pourtant, ils ont misé toute leur fortune contre le pari de Matthewson.

Тем не менее, они поставили все свое состояние на ставку Мэтьюсона.

L'attelage de dix chiens a été dételé et éloigné du traîneau.

Упряжку из десяти собак отцепили и отвели от саней.

Buck a été placé dans les rênes, portant son harnais familier.

Бэка посадили на поводья, надев на него знакомую сбрую.

Il avait capté l'énergie de la foule et ressenti la tension.

Он уловил энергию толпы и почувствовал напряжение.

D'une manière ou d'une autre, il savait qu'il devait faire quelque chose pour John Thornton.

Каким-то образом он понял, что должен что-то сделать для Джона Торнтона.

Les gens murmuraient avec admiration devant la fière silhouette du chien.

Люди восхищенно перешептывались, глядя на гордую фигуру собаки.

Il était mince et fort, sans une seule once de chair supplémentaire.

Он был поджарым и сильным, без единой лишней унции жира.

Son poids total de cent cinquante livres n'était que puissance et endurance.

Его полный вес в сто пятьдесят фунтов был воплощением силы и выносливости.

Le pelage de Buck brillait comme de la soie, épais de santé et de force.

Шерсть Бэка блестела, как шелк, густая от здоровья и силы.

La fourrure le long de son cou et de ses épaules semblait se soulever et se hérisser.

Шерсть на его шее и плечах, казалось, встала дыбом.

Sa crinière bougeait légèrement, chaque cheveu vivant de sa grande énergie.

Его грива слегка шевелилась, каждый волосок оживал благодаря его огромной энергии.

Sa large poitrine et ses jambes fortes correspondaient à sa silhouette lourde et robuste.

Его широкая грудь и сильные ноги соответствовали его тяжелому, крепкому телу.

Des muscles ondulaient sous son manteau, tendus et fermes comme du fer lié.

Под его пальто перекатывались мускулы, упругие и крепкие, как кованое железо.

Les hommes le touchaient et juraient qu'il était bâti comme une machine en acier.

Мужчины прикасались к нему и клялись, что он был сложен, как стальная машина.

Les chances ont légèrement baissé à deux contre un contre le grand chien.

Шансы немного снизились до двух к одному против великой собаки.

Un homme des bancs de Skookum s'avança en bégayant.

Мужчина из Скукумского суда, заикаясь, протиснулся вперед.

« Bien, monsieur ! J'offre huit cents pour lui – avant l'examen, monsieur ! »

"Хорошо, сэр! Я предлагаю за него восемьсот — до испытания, сэр!"

« Huit cents, tel qu'il est en ce moment ! » insista l'homme.

«Восемьсот, как он стоит сейчас!» — настаивал мужчина.

Thornton s'avança, sourit et secoua calmement la tête.

Торнтон шагнул вперед, улыбнулся и спокойно покачал головой.

Matthewson est rapidement intervenu avec une voix d'avertissement et un froncement de sourcils.

Мэтьюсон быстро вмешался, предупредив и нахмурившись.

« Éloignez-vous de lui », dit-il. « Laissez-lui de l'espace. »

«Вы должны отойти от него, — сказал он. — Дайте ему пространство».

La foule se tut ; seuls les joueurs continuaient à miser deux contre un.

Толпа затихла, только игроки продолжали ставить два к одному.

Tout le monde admirait la carrure de Buck, mais la charge semblait trop lourde.

Все восхищались телосложением Бака, но груз казался слишком большим.

Vingt sacs de farine, pesant chacun cinquante livres, semblaient beaucoup trop.

Двадцать мешков муки — каждый весом в пятьдесят фунтов — показались мне слишком большим грузом.

Personne n'était prêt à ouvrir sa bourse et à risquer son argent.

Никто не хотел открывать свой кошелек и рисковать своими деньгами.

Thornton s'agenouilla à côté de Buck et prit sa tête à deux mains.

Торнтон опустился на колени рядом с Баком и взял его голову обеими руками.

Il pressa sa joue contre celle de Buck et lui parla à l'oreille.

Он прижался щекой к щеке Бака и заговорил ему на ухо.

Il n'y avait plus de secousses enjouées ni d'insultes affectueuses murmurées.

Больше не было игривых пожатий или шепота любовных оскорблений.

Il murmura simplement doucement : « Autant que tu m'aimes, Buck. »

Он только тихо пробормотал: «Как бы сильно ты меня ни любил, Бак».

Buck émit un gémissement silencieux, son impatience à peine contenue.

Бак тихонько заскулил, его рвение было едва сдержано.

Les spectateurs observaient avec curiosité la tension qui emplissait l'air.

Зрители с любопытством наблюдали, как в воздухе царит напряжение.

Le moment semblait presque irréel, comme quelque chose qui dépassait la raison.

Этот момент казался почти нереальным, чем-то выходящим за рамки разумного.

Lorsque Thornton se leva, Buck prit doucement sa main dans ses mâchoires.

Когда Торнтон встал, Бак осторожно взял его руку в свои челюсти.

Il appuya avec ses dents, puis relâcha lentement et doucement.

Он надавил зубами, а затем медленно и осторожно отпустил.

C'était une réponse silencieuse d'amour, non prononcée, mais comprise.

Это был молчаливый ответ любви, не высказанный, но понятый.

Thornton s'éloigna du chien et donna le signal.

Торнтон отошел от собаки на достаточное расстояние и подал сигнал.

« Maintenant, Buck », dit-il, et Buck répondit avec un calme concentré.

«Ну, Бак», — сказал он, и Бак ответил сосредоточенно и спокойно.

Buck a resserré les traces, puis les a desserrées de quelques centimètres.

Бак натянул постромки, а затем ослабил их на несколько дюймов.

C'était la méthode qu'il avait apprise ; sa façon de briser le traîneau.

Это был метод, которому он научился; его способ сломать сани.

« Tiens ! » cria Thornton, sa voix aiguë dans le silence pesant.

«Ух ты!» — крикнул Торнтон, его голос прозвучал резко в тяжелой тишине.

Buck se tourna vers la droite et se jeta de tout son poids.

Бак повернулся вправо и бросился вперед всем своим весом.

Le mou disparut et toute la masse de Buck heurta les lignes serrées.

Провисание исчезло, и вся масса Бака ударилась о натянутые постромки.

Le traîneau tremblait et les patins émettaient un bruit de crépitement.

Сани задрожали, полозья издали резкий треск.

« Haw ! » ordonna Thornton, changeant à nouveau la direction de Buck.

«Ха!» — скомандовал Торнтон, снова меняя направление движения Бака.

Buck répéta le mouvement, cette fois en tirant brusquement vers la gauche.

Бак повторил движение, на этот раз резко повернув влево.

Le traîneau craquait plus fort, les patins claquaient et se déplaçaient.

Сани затрещали громче, полозья затрещали и задвигались.

La lourde charge glissait légèrement latéralement sur la neige gelée.

Тяжелый груз слегка скользил вбок по замерзшему снегу.

Le traîneau s'était libéré de l'emprise du sentier glacé !

Сани вырвались из цепких объятий ледяной тропы!

Les hommes retenaient leur souffle, ignorant qu'ils ne respiraient même pas.

Мужчины затаили дыхание, не осознавая, что они даже не дышат.

« Maintenant, TIREZ ! » cria Thornton à travers le silence glacial.

«Теперь ТЯНИ!» — крикнул Торнтон сквозь застывшую тишину.

L'ordre de Thornton résonna fort, comme le claquement d'un fouet.

Приказ Торнтона прозвучал резко, как удар хлыста.

Buck se jeta en avant avec un mouvement violent et saccadé.

Бак бросился вперед яростным и резким рывком.

Tout son corps se tendit et se contracta sous l'énorme tension.

Все его тело напряглось и сжалось от огромной нагрузки.

Des muscles ondulaient sous sa fourrure comme des serpents prenant vie.

Мышцы перекатывались под его шерстью, словно оживающие змеи.

Sa large poitrine était basse, la tête tendue vers l'avant en direction du traîneau.

Его большая грудь была опущена, голова вытянута вперед, к саням.

Ses pattes bougeaient comme l'éclair, ses griffes tranchant le sol gelé.

Его лапы двигались со скоростью молнии, когти разрезали мерзлую землю.

Des rainures ont été creusées profondément alors qu'il luttait pour chaque centimètre de traction.

Борозды были глубокими, поскольку он боролся за каждый дюйм сцепления.

Le traîneau se balança, trembla et commença un mouvement lent et agité.

Сани качнулись, задрожали и начали медленное, беспокойное движение.

Un pied a glissé et un homme dans la foule a gémi à haute voix.

Одна нога поскользнулась, и кто-то в толпе громко застонал.

Puis le traîneau s'élança en avant dans un mouvement saccadé et brusque.

Затем сани рванули вперед резким, резким движением.

Cela ne s'est pas arrêté à nouveau - un demi-pouce... un pouce... deux pouces de plus.

Он больше не останавливался — еще полдюйма... дюйм... два дюйма.

Les secousses devinrent plus faibles à mesure que le traîneau commençait à prendre de la vitesse.

По мере того, как сани набирали скорость, рывки становились слабее.

Bientôt, Buck tirait avec une puissance douce et régulière.

Вскоре Бак уже тянул с плавной, ровной, катящейся силой.

Les hommes haletèrent et finirent par se rappeler de respirer à nouveau.

Мужчины ахнули и, наконец, снова вспомнили, что нужно дышать.

Ils n'avaient pas remarqué que leur souffle s'était arrêté de stupeur.

Они не заметили, как от благоговения у них перехватило дыхание.

Thornton courait derrière, lançant des ordres courts et joyeux.

Торнтон бежал позади, выкрикивая короткие, веселые команды.

Devant nous se trouvait une pile de bois de chauffage qui marquait la distance.

Впереди виднелась поленница дров, обозначавшая расстояние.

Alors que Buck s'approchait du tas, les acclamations devenaient de plus en plus fortes.

По мере того, как Бак приближался к куче, крики становились все громче и громче.

Les acclamations se sont transformées en rugissement lorsque Buck a dépassé le point d'arrivée.

Когда Бак миновал конечную точку, крики радости переросли в рев.

Les hommes ont sauté et crié, même Matthewson a esquissé un sourire.

Мужчины подпрыгивали и кричали, даже Мэтьюсон расплылся в улыбке.

Les chapeaux volaient dans les airs, les mitaines étaient lancées sans réfléchir ni viser.

Шапки летели в воздух, варежки швырялись без всякой цели и мысли.

Les hommes se sont attrapés et se sont serré la main sans savoir à qui.

Мужчины обнимали друг друга и пожимали руки, не зная, кому именно.

Toute la foule bourdonnait d'une célébration folle et joyeuse.

Вся толпа гудела от бурного, радостного ликования.

Thornton tomba à genoux à côté de Buck, les mains tremblantes.

Торнтон упал на колени рядом с Баком, его руки дрожали.

Il pressa sa tête contre celle de Buck et le secoua doucement d'avant en arrière.

Он прижал свою голову к голове Бака и легонько покачал его взад и вперед.

Ceux qui s'approchaient l'entendaient maudire le chien avec un amour silencieux.

Приходившие слышали, как он с тихой любовью проклинал собаку.

Il a insulté Buck pendant un long moment, doucement, chaleureusement, avec émotion.

Он долго ругал Бака — тихо, горячо, эмоционально.

« Bien, monsieur ! Bien, monsieur ! » s'écria précipitamment le roi du Banc Skookum.

«Хорошо, сэр! Хорошо, сэр!» — в спешке воскликнул король Скукум-Бенч.

« Je vous donne mille, non, douze cents, pour ce chien, monsieur ! »

«Я дам вам тысячу — нет, тысячу двести — за эту собаку, сэр!»

Thornton se leva lentement, les yeux brillants d'émotion.

Торнтон медленно поднялся на ноги, его глаза сияли от волнения.

Les larmes coulaient ouvertement sur ses joues sans aucune honte.

Слезы текли по его щекам, не вызывая никакого стыда.

« Monsieur », dit-il au roi du banc Skookum, ferme et posé.

«Сэр», — сказал он королю Скукум-Бенч, твердо и твердо.

« Non, monsieur. Allez au diable, monsieur. C'est ma réponse définitive. »

«Нет, сэр. Вы можете идти к черту, сэр. Это мой окончательный ответ».

Buck attrapa doucement la main de Thornton dans ses mâchoires puissantes.

Бак нежно схватил руку Торнтона своими сильными челюстями.

Thornton le secoua de manière enjouée, leur lien étant plus profond que jamais.

Торнтон игриво встряхнул его, их связь была крепка, как никогда.

La foule, émue par l'instant, recula en silence.

Толпа, тронутая этим моментом, молча отступила.

Dès lors, personne n'osa interrompre cette affection si sacrée.

С тех пор никто не осмеливался прерывать эту священную привязанность.

Le son de l'appel
Звук Зова

Buck avait gagné seize cents dollars en cinq minutes.
Бак заработал тысячу шестьсот долларов за пять минут.

Cet argent a permis à John Thornton de payer une partie de ses dettes.
Эти деньги позволили Джону Торнтону погасить часть своих долгов.

Avec le reste de l'argent, il se dirigea vers l'Est avec ses partenaires.
На оставшиеся деньги он вместе со своими партнерами отправился на Восток.

Ils cherchaient une mine perdue légendaire, aussi vieille que le pays lui-même.
Они искали легендарную затерянную шахту, такую же старую, как и сама страна.

Beaucoup d'hommes avaient cherché la mine, mais peu l'avaient trouvée.
Многие искали эту шахту, но мало кто ее нашел.

Plus d'un homme avait disparu au cours de cette quête dangereuse.
Во время опасного похода пропало немало людей.

Cette mine perdue était enveloppée à la fois de mystère et d'une vieille tragédie.
Эта затерянная шахта была окутана тайной и давней трагедией.

Personne ne savait qui avait été le premier homme à découvrir la mine.
Никто не знал, кто был первым человеком, нашедшим шахту.

Les histoires les plus anciennes ne mentionnent personne par son nom.
В самых старых историях не упоминается ни одно имя.

Il y avait toujours eu là une vieille cabane délabrée.
Там всегда стояла старая ветхая хижина.

Des hommes mourants avaient juré qu'il y avait une mine à côté de cette vieille cabane.

Умирающие клялись, что рядом с той старой хижиной находится мина.

Ils ont prouvé leurs histoires avec de l'or comme on n'en trouve nulle part ailleurs.

Они подтвердили свои истории золотом, не имеющим аналогов в других местах.

Aucune âme vivante n'avait jamais pillé le trésor de cet endroit.

Ни одна живая душа никогда не грабила сокровища из этого места.

Les morts étaient morts, et les morts ne racontent pas d'histoires.

Мертвые были мертвы, а мертвые не рассказывают сказок.

Thornton et ses amis se dirigèrent donc vers l'Est.

Итак, Торнтон и его друзья направились на Восток.

Pete et Hans se sont joints à eux, amenant Buck et six chiens forts.

К ним присоединились Пит и Ганс, приведя с собой Бака и шесть сильных собак.

Ils se sont lancés sur un chemin inconnu là où d'autres avaient échoué.

Они отправились по неизвестному пути, где другие потерпели неудачу.

Ils ont parcouru soixante-dix milles en traîneau sur le fleuve Yukon gelé.

Они проехали семьдесят миль вверх по замерзшей реке Юкон.

Ils tournèrent à gauche et suivirent le sentier jusqu'au Stewart.

Они повернули налево и пошли по тропе к Стюарту.

Ils passèrent le Mayo et le McQuestion, poursuivant leur route.

Они миновали Мейо и МакКвестон и продолжили путь.

Le Stewart s'est rétréci en un ruisseau, traversant des pics déchiquetés.

Стюарт превратился в ручей, пронизывающий острые вершины.

Ces pics acérés marquaient l'épine dorsale même du continent.

Эти острые пики обозначали самый хребет континента.

John Thornton exigeait peu des hommes ou de la nature sauvage.

Джон Торнтон мало чего требовал от людей и дикой природы.

Il ne craignait rien dans la nature et affrontait la nature sauvage avec aisance.

Он не боялся ничего на природе и с легкостью сталкивался с дикой природой.

Avec seulement du sel et un fusil, il pouvait voyager où il le souhaitait.

Имея при себе только соль и винтовку, он мог путешествовать, куда пожелает.

Comme les indigènes, il chassait de la nourriture pendant ses voyages.

Как и туземцы, он добывал себе пропитание во время своих путешествий.

S'il n'attrapait rien, il continuait, confiant en la chance qui l'attendait.

Если он ничего не поймал, он продолжал путь, надеясь на удачу.

Au cours de ce long voyage, la viande était la principale nourriture qu'ils mangeaient.

В этом долгом путешествии основным продуктом их питания было мясо.

Le traîneau contenait des outils et des munitions, mais aucun horaire strict.

В санях находились инструменты и боеприпасы, но не было четкого расписания.

Buck adorait cette errance, la chasse et la pêche sans fin.

Бэку нравились эти странствия, бесконечная охота и рыбалка.

Pendant des semaines, ils ont voyagé jour après jour.

В течение нескольких недель они путешествовали день за днём.

D'autres fois, ils établissaient des camps et restaient immobiles pendant des semaines.

В других случаях они разбивали лагеря и оставались неподвижными неделями.

Les chiens se reposaient pendant que les hommes creusaient dans la terre gelée.

Собаки отдыхали, пока мужчины копали замерзшую землю.

Ils chauffaient des poêles sur des feux et cherchaient de l'or caché.

Они грели сковороды на огне и искали спрятанное золото.

Certains jours, ils souffraient de faim, et d'autres jours, ils faisaient des festins.

Иногда они голодали, а иногда устраивали пиры.

Leurs repas dépendaient du gibier et de la chance de la chasse.

Их еда зависела от дичи и удачи на охоте.

Quand l'été arrivait, les hommes et les chiens chargeaient des charges sur leur dos.

Когда наступило лето, люди и собаки взвалили на свои спины грузы.

Ils ont fait du rafting sur des lacs bleus cachés dans des forêts de montagne.

Они сплавлялись по голубым озерам, скрытым в горных лесах.

Ils naviguaient sur des bateaux minces sur des rivières qu'aucun homme n'avait jamais cartographiées.

Они плавали на узких лодках по рекам, которые никто никогда не наносил на карты.

Ces bateaux ont été construits à partir d'arbres sciés dans la nature.

Эти лодки были построены из деревьев, которые они спилили в дикой природе.

Les mois passèrent et ils sillonnèrent des terres sauvages et inconnues.

Шли месяцы, и они петляли по диким неизведанным землям.

Il n'y avait pas d'hommes là-bas, mais de vieilles traces suggéraient qu'il y en avait eu.

Мужчин там не было, но старые следы намекали на то, что они когда-то были.

Si la Cabane Perdue était réelle, alors d'autres étaient déjà passés par là.

Если Затерянная Хижина существует на самом деле, значит, и другие когда-то проходили этим путем.

Ils traversaient des cols élevés dans des blizzards, même pendant l'été.

Они пересекали высокогорные перевалы в метели, даже летом.

Ils frissonnaient sous le soleil de minuit sur les pentes nues des montagnes.

Они дрожали под полуночным солнцем на голых склонах гор.

Entre la limite des arbres et les champs de neige, ils montaient lentement.

Они медленно поднимались между линией деревьев и снежными полями.

Dans les vallées chaudes, ils écrasaient des nuages de moucherons et de mouches.

В теплых долинах они отмахивались от туч комаров и мух.

Ils cueillaient des baies sucrées près des glaciers en pleine floraison estivale.

Они собирали сладкие ягоды вблизи ледников в период их цветения.

Les fleurs qu'ils ont trouvées étaient aussi belles que celles du Southland.

Цветы, которые они нашли, были такими же прекрасными, как и в Саутленде.

Cet automne-là, ils atteignirent une région solitaire remplie de lacs silencieux.

Осенью они достигли уединенного края, полного безмолвных озер.

La terre était triste et vide, autrefois pleine d'oiseaux et de bêtes.

Земля была печальной и пустынной, когда-то на ней водились птицы и звери.

Il n'y avait plus de vie, seulement le vent et la glace qui se formait dans les flaques.

Теперь жизни не было, только ветер и лед, образующийся в лужах.

Les vagues s'écrasaient sur les rivages déserts avec un son doux et lugubre.

Волны плескались о пустые берега с тихим, скорбным звуком.

Un autre hiver arriva et ils suivirent à nouveau de vieux sentiers lointains.

Наступила еще одна зима, и они снова пошли по едва заметным старым следам.

C'étaient les traces d'hommes qui les avaient cherchés bien avant eux.

Это были следы людей, которые искали задолго до них.

Un jour, ils trouvèrent un chemin creusé profondément dans la forêt sombre.

Однажды они нашли тропу, ведущую глубоко в темный лес.

C'était un vieux sentier, et ils sentaient que la cabane perdue était proche.

Это была старая тропа, и они чувствовали, что затерянная хижина где-то рядом.

Mais le sentier ne menait nulle part et s'enfonçait dans les bois épais.

Но тропа никуда не вела и терялась в густом лесу.

Personne ne savait qui avait fait ce sentier et pourquoi.

Кто и зачем проложил этот путь, никто не знает.

Plus tard, ils ont trouvé l'épave d'un lodge caché parmi les arbres.

Позже они обнаружили руины домика, спрятанные среди деревьев.

Des couvertures pourries gisaient éparpillées là où quelqu'un avait dormi.

Там, где когда-то кто-то спал, валялись гниющие одеяла.

John Thornton a trouvé un fusil à silex à long canon enterré à l'intérieur.

Джон Торнтон нашел внутри длинноствольное кремневое ружье.

Il savait qu'il s'agissait d'un fusil de la Baie d'Hudson depuis les premiers jours de son commerce.

Он знал, что это ружье из Гудзонова залива, еще с первых дней торговли.

À cette époque, ces armes étaient échangées contre des piles de peaux de castor.

В те времена такие ружья обменивались на стопки бобровых шкур.

C'était tout : il ne restait aucune trace de l'homme qui avait construit le lodge.

Вот и все — никаких следов человека, построившего домик, не сохранилось.

Le printemps est revenu et ils n'ont trouvé aucun signe de la Cabane Perdue.

Снова пришла весна, но они не нашли никаких следов Затерянной Хижины.

Au lieu de cela, ils trouvèrent une large vallée avec un ruisseau peu profond.

Вместо этого они нашли широкую долину с неглубоким ручьем.

L'or recouvrait le fond des casseroles comme du beurre jaune et lisse.

Золото растеклось по дну кастрюли, словно гладкое желтое масло.

Ils s'arrêtèrent là et ne cherchèrent plus la cabane.

Там они остановились и больше не стали искать хижину.

Chaque jour, ils travaillaient et trouvaient des milliers de pièces d'or en poudre.

Каждый день они работали и находили тысячи золотых рудников.

Ils ont emballé l'or dans des sacs de peau d'élan, de cinquante livres chacun.

Они упаковали золото в мешки из лосиной шкуры, по пятьдесят фунтов каждый.

Les sacs étaient empilés comme du bois de chauffage à l'extérieur de leur petite loge.

Мешки были сложены, словно дрова, возле их маленького домика.

Ils travaillaient comme des géants et les jours passaient comme des rêves rapides.

Они трудились как гиганты, и дни пролетали как быстрые сны.

Ils ont amassé des trésors au fil des jours sans fin.

Они копили сокровища, пока бесконечные дни быстро текли.

Les chiens n'avaient pas grand-chose à faire, à part transporter de la viande de temps en temps.

Собакам почти нечем было заняться, разве что время от времени таскать мясо.

Thornton chassait et tuait le gibier, et Buck restait allongé près du feu.

Торнтон охотился и убивал дичь, а Бак лежал у костра.

Il a passé de longues heures en silence, perdu dans ses pensées et ses souvenirs.

Он проводил долгие часы в тишине, погруженный в мысли и воспоминания.

L'image de l'homme poilu revenait de plus en plus souvent à l'esprit de Buck.

Образ волосатого человека все чаще приходил в голову Бэку.

Maintenant que le travail se faisait rare, Buck rêvait en clignant des yeux devant le feu.

Теперь, когда работы стало не хватать, Бак мечтал, моргая и глядя на огонь.

Dans ces rêves, Buck errait avec l'homme dans un autre monde.

В этих снах Бак странствовал с этим человеком в другом мире.

La peur semblait être le sentiment le plus fort dans ce monde lointain.

Страх казался самым сильным чувством в том далеком мире.

Buck vit l'homme poilu dormir avec la tête baissée.

Бак увидел, как волосатый человек спит, низко опустив голову.

Ses mains étaient jointes et son sommeil était agité et interrompu.

Руки его были сцеплены, сон беспокойный и прерывистый.

Il se réveillait en sursaut et regardait avec crainte dans le noir.

Он просыпался вздрагивая и со страхом смотрел в темноту.

Ensuite, il jetait plus de bois sur le feu pour garder la flamme vive.

Затем он подбрасывал в огонь еще дров, чтобы пламя оставалось ярким.

Parfois, ils marchaient le long d'une plage au bord d'une mer grise et infinie.

Иногда они гуляли по пляжу у серого, бескрайнего моря.

L'homme poilu ramassait des coquillages et les mangeait en marchant.

Волосатый человек собирал моллюсков и ел их на ходу.

Ses yeux cherchaient toujours des dangers cachés dans l'ombre.

Его глаза всегда искали скрытые опасности в тенях.

Ses jambes étaient toujours prêtes à sprinter au premier signe de menace.

Его ноги всегда были готовы броситься вперед при первых признаках угрозы.

Ils rampaient à travers la forêt, silencieux et méfiants, côte à côte.

Они крались по лесу, молча и осторожно, бок о бок.

Buck le suivit sur ses talons, et tous deux restèrent vigilants.

Бак следовал за ним по пятам, и оба оставались начеку.

Leurs oreilles frémissaient et bougeaient, leurs nez reniflaient l'air.

Их уши дергались и двигались, носы нюхали воздух.

L'homme pouvait entendre et sentir la forêt aussi intensément que Buck.

Мужчина мог слышать и чувствовать запах леса так же остро, как и Бак.

L'homme poilu se balançait à travers les arbres avec une vitesse soudaine.

Волосатый человек с неожиданной скоростью промчался сквозь деревья.

Il sautait de branche en branche, sans jamais lâcher prise.

Он прыгал с ветки на ветку, ни разу не ослабив хватки.

Il se déplaçait aussi vite au-dessus du sol que sur celui-ci.

Он двигался над землей так же быстро, как и по ней.

Buck se souvenait des longues nuits passées sous les arbres, à veiller.

Бак вспомнил долгие ночи, проведенные под деревьями, на страже.

L'homme dormait perché dans les branches, s'accrochant fermement.

Мужчина спал, устроившись на ветвях и крепко прижавшись к ним.

Cette vision de l'homme poilu était étroitement liée à l'appel des profondeurs.

Это видение волосатого человека было тесно связано с глубинным зовом.

L'appel résonnait toujours à travers la forêt avec une force obsédante.

Зов все еще звучал в лесу с пугающей силой.

L'appel remplit Buck de désir et d'un sentiment de joie
incessant.

Этот зов наполнил Бака тоской и беспокойным чувством
радости.

Il ressentait d'étranges pulsions et des frémissements qu'il
ne pouvait nommer.

Он чувствовал странные побуждения и движения,
которым не мог дать названия.

Parfois, il suivait l'appel au plus profond des bois
tranquilles.

Иногда он следовал зову в глубь тихих лесов.

Il cherchait l'appel, aboyant doucement ou fort au fur et à
mesure.

Он искал зов, тихо или резко лая на ходу.

Il renifla la mousse et la terre noire où poussaient les herbes.

Он понюхал мох и черную почву там, где росла трава.

Il renifla de plaisir aux riches odeurs de la terre profonde.

Он фыркнул от восторга, вдыхая насыщенные запахи недр
земли.

Il s'est accroupi pendant des heures derrière des troncs
couverts de champignons.

Он часами сидел, пригнувшись, за стволами деревьев,
покрытыми грибком.

Il resta immobile, écoutant les yeux écarquillés chaque petit
bruit.

Он замер, широко раскрытыми глазами прислушиваясь к
каждому тихому звуку.

Il espérait peut-être surprendre la chose qui avait lancé
l'appel.

Возможно, он надеялся удивить то, что вызвало крик.

Il ne savait pas pourquoi il agissait de cette façon, il le faisait
simplement.

Он не знал, почему он так себя вел, — он просто так себя
вел.

Les pulsions venaient du plus profond de moi, au-delà de la
pensée ou de la raison.

Побуждения исходили из глубины души, за пределами мысли и разума.

Des envies irrésistibles s'emparèrent de Buck sans avertissement ni raison.

Непреодолимые желания овладели Баком без предупреждения и причины.

Parfois, il somnolait paresseusement dans le camp sous la chaleur de midi.

Временами он лениво дремал в лагере под полуденной жарой.

Soudain, sa tête se releva et ses oreilles se dressèrent en alerte.

Внезапно он поднял голову и насторожился.

Puis il se leva d'un bond et se précipita dans la nature sans s'arrêter.

Затем он вскочил и, не останавливаясь, бросился в дикую природу.

Il a couru pendant des heures à travers les sentiers forestiers et les espaces ouverts.

Он часами бегал по лесным тропам и открытым пространствам.

Il aimait suivre les lits des ruisseaux asséchés et espionner les oiseaux dans les arbres.

Он любил ходить по высохшим руслам ручьев и наблюдать за птицами на деревьях.

Il pouvait rester caché toute la journée, à regarder les perdrix se pavaner.

Он мог целый день лежать, спрятавшись, и наблюдать, как расхаживают куропатки.

Ils tambourinaient et marchaient, inconscients de la présence de Buck.

Они барабанили и маршировали, не подозревая о присутствии Бака.

Mais ce qu'il aimait le plus, c'était courir au crépuscule en été.

Но больше всего он любил бегать в сумерках летом.

La faible lumière et les bruits endormis de la forêt le remplissaient de joie.

Тусклый свет и сонные звуки леса наполнили его радостью.

Il lisait les panneaux forestiers aussi clairement qu'un homme lit un livre.

Он читал лесные знаки так же ясно, как человек читает книгу.

Et il cherchait toujours la chose étrange qui l'appelait.

И он всегда искал нечто странное, что звало его.

Cet appel ne s'est jamais arrêté : il l'atteignait qu'il soit éveillé ou endormi.

Этот зов никогда не прекращался — он доходил до него и во сне, и наяву.

Une nuit, il se réveilla en sursaut, les yeux perçants et les oreilles hautes.

Однажды ночью он проснулся, вздрогнув, его глаза были напряжены, а уши подняты.

Ses narines se contractaient tandis que sa crinière se dressait en vagues.

Его ноздри дрогнули, а грива встала дыбом.

Du plus profond de la forêt, le son résonna à nouveau, le vieil appel.

Из глубины леса снова донесся звук, старый зов.

Cette fois, le son résonnait clairement, un hurlement long, obsédant et familier.

На этот раз звук раздался отчетливо — долгий, пронзительный, знакомый вой.

C'était comme le cri d'un husky, mais d'un ton étrange et sauvage.

Это было похоже на крик хриплой собаки, но по тону оно было странным и диким.

Buck reconnut immédiatement le son – il avait entendu exactement le même son depuis longtemps.

Бак сразу узнал этот звук — он слышал его уже давно.

Il sauta à travers le camp et disparut rapidement dans les bois.

Он проскочил через лагерь и быстро скрылся в лесу.

Alors qu'il s'approchait du bruit, il ralentit et se déplaça avec précaution.

Приблизившись к источнику звука, он замедлил шаг и двигался осторожнее.

Bientôt, il atteignit une clairière entre d'épais pins.

Вскоре он вышел на поляну среди густых сосен.

Là, debout sur ses pattes arrière, était assis un loup des bois grand et maigre.

Там, выпрямившись на задних лапах, сидел высокий, поджарый лесной волк.

Le nez du loup pointait vers le ciel, résonnant toujours de l'appel.

Волчий нос был направлен в небо, все еще повторяя зов.

Buck n'avait émis aucun son, mais le loup s'arrêta et écouta.

Бэк не издал ни звука, но волк остановился и прислушался.

Sentant quelque chose, le loup se tendit, scrutant l'obscurité.

Почувствовав что-то, волк напрягся, всматриваясь в темноту.

Buck apparut en rampant, le corps bas, les pieds immobiles sur le sol.

Бак подкрался к нам, пригнувшись и бесшумно ступая по земле.

Sa queue était droite, son corps enroulé sous la tension.

Его хвост был выпрямлен, тело напряжено.

Il a montré à la fois une menace et une sorte d'amitié brutale.

Он демонстрировал как угрозу, так и своего рода грубую дружбу.

C'était le salut prudent partagé par les bêtes sauvages.

Это было настороженное приветствие, характерное для диких зверей.

Mais le loup se retourna et s'enfuit dès qu'il vit Buck.

Но волк повернулся и убежал, как только увидел Бэка.

Buck se lança à sa poursuite, sautant sauvagement, désireux de le rattraper.

Бэк бросился в погоню, дико подпрыгивая, стремясь догнать его.

Il suivit le loup dans un ruisseau asséché bloqué par un embâcle.

Он последовал за волком в высохший ручей, перекрытый затором из деревьев.

Acculé, le loup se retourna et tint bon.

Загнанный в угол волк развернулся и остался стоять на месте.

Le loup grognait et claquait comme un chien husky pris au piège dans un combat.

Волк зарычал и зарычал, словно попавшая в ловушку хаски, готовая к драке.

Les dents du loup claquaient rapidement, son corps se hérissant d'une fureur sauvage.

Зубы волка быстро щелкали, его тело ощетинилось дикой яростью.

Buck n'attaqua pas mais encercla le loup avec une gentillesse prudente.

Бэк не нападал, а кружил вокруг волка с осторожным дружелюбием.

Il a essayé de bloquer sa fuite par des mouvements lents et inoffensifs.

Он пытался воспрепятствовать побегу медленными, безвредными движениями.

Le loup était méfiant et effrayé : Buck le dépassait trois fois.

Волк был осторожен и напуган — Бак был тяжелее его в три раза.

La tête du loup atteignait à peine l'épaule massive de Buck.

Голова волка едва доставала до массивного плеча Бака.

À l'affût d'une brèche, le loup s'est enfui et la poursuite a repris.

Выжидая появления просвета, волк рванул с места, и погоня возобновилась.

Plusieurs fois, Buck l'a coincé et la danse s'est répétée.

Несколько раз Бак загонял его в угол, и танец повторялся.

Le loup était maigre et faible, sinon Buck n'aurait pas pu l'attraper.

Волк был худым и слабым, иначе Бак не смог бы его поймать.

Chaque fois que Buck s'approchait, le loup se retournait et lui faisait face avec peur.

Каждый раз, когда Бак приближался, волк оборачивался и в страхе смотрел на него.

Puis, à la première occasion, il s'est précipité dans les bois une fois de plus.

Затем при первой же возможности он снова бросился в лес.

Mais Buck n'a pas abandonné et finalement le loup a fini par lui faire confiance.

Но Бак не сдавался, и в конце концов волк стал ему доверять.

Il renifla le nez de Buck, et les deux devinrent joueurs et alertes.

Он понюхал нос Бака, и они оба стали игривыми и настороженными.

Ils jouaient comme des animaux sauvages, féroces mais timides dans leur joie.

Они играли, как дикие животные, свирепые и в то же время застенчивые в своей радости.

Au bout d'un moment, le loup s'éloigna au trot avec un calme déterminé.

Через некоторое время волк спокойно и целеустремленно побежал прочь.

Il a clairement montré à Buck qu'il voulait être suivi.

Он ясно дал понять Бак, что намерен следовать за ним.

Ils couraient côte à côte dans l'obscurité du crépuscule.

Они бежали бок о бок сквозь сумеречный мрак.

Ils suivirent le lit du ruisseau jusqu'à la gorge rocheuse.

Они прошли по руслу ручья вверх в каменистое ущелье.

Ils traversèrent une ligne de partage des eaux froide où le ruisseau avait pris sa source.

Они пересекли холодный водораздел там, где начинался
ручей.

**Sur la pente la plus éloignée, ils trouvèrent une vaste forêt et
de nombreux ruisseaux.**

На дальнем склоне они обнаружили большой лес и
множество ручьев.

**À travers ce vaste territoire, ils ont couru pendant des heures
sans s'arrêter.**

Они бежали по этой огромной земле часами, не
останавливаясь.

**Le soleil se leva plus haut, l'air devint chaud, mais ils
continuèrent à courir.**

Солнце поднялось выше, воздух стал теплее, но они
продолжали бежать.

**Buck était rempli de joie : il savait qu'il répondait à son
appel.**

Бак был полон радости — он знал, что отвечает своему
призванию.

**Il courut à côté de son frère de la forêt, plus près de la source
de l'appel.**

Он побежал рядом со своим лесным братом, поближе к
источнику зова.

**De vieux sentiments sont revenus, puissants et difficiles à
ignorer.**

Вернулись старые чувства, сильные и их трудно
игнорировать.

C'étaient les vérités derrière les souvenirs de ses rêves.

Такова была правда, стоящая за воспоминаниями из его
снов.

**Il avait déjà fait tout cela auparavant, dans un monde
lointain et obscur.**

Все это он уже делал раньше в далеком и темном мире.

**Il recommença alors, courant librement avec le ciel ouvert
au-dessus.**

Теперь он сделал это снова, дико бегая под открытым
небом.

Ils s'arrêtèrent près d'un ruisseau pour boire l'eau froide qui coulait.

Они остановились у ручья, чтобы напиться холодной воды.

Alors qu'il buvait, Buck se souvint soudain de John Thornton.

Выпив, Бак вдруг вспомнил Джона Торнтона.

Il s'assit en silence, déchiré par l'attrait de la loyauté et de l'appel.

Он сел в тишине, раздираемый чувством преданности и призвания.

Le loup continua à trotter, mais revint pour pousser Buck à avancer.

Волк побежал дальше, но вернулся, чтобы подгонять Бэка вперед.

Il renifla son nez et essaya de le cajoler avec des gestes doux.

Он понюхал его нос и попытался уговорить мягкими жестами.

Mais Buck se retourna et reprit le chemin par lequel il était venu.

Но Бак повернулся и пошел обратно тем же путем, которым пришел.

Le loup courut à côté de lui pendant un long moment, gémissant doucement.

Волк долго бежал рядом с ним, тихонько скуля.

Puis il s'assit, leva le nez et poussa un long hurlement.

Затем он сел, поднял нос и издал протяжный вой.

C'était un cri lugubre, qui s'adoucit à mesure que Buck s'éloignait.

Это был скорбный крик, стихший, когда Бак ушел.

Buck écouta le son du cri s'estomper lentement dans le silence de la forêt.

Бак слушал, как звук крика медленно затихает в тишине леса.

John Thornton était en train de dîner lorsque Buck a fait irruption dans le camp.

Джон Торнтон ужинал, когда в лагерь ворвался Бак.

Buck sauta sauvagement sur lui, le léchant, le mordant et le faisant culbuter.

Бэк яростно набросился на него, облизывая, кусая и опрокидывая его.

Il l'a renversé, s'est hissé dessus et l'a embrassé sur le visage.

Он повалил его на землю, вскарабкался на него и поцеловал его лицо.

Thornton appelait cela avec affection « jouer le fou du commun ».

Торнтон с любовью называл это «игрой в дурака».

Pendant tout ce temps, il maudissait doucement Buck et le secouait d'avant en arrière.

Все это время он тихонько ругал Бака и тряс его взад-вперед.

Pendant deux jours et deux nuits entières, Buck n'a pas quitté le camp une seule fois.

За целых два дня и две ночи Бак ни разу не покинул лагерь.

Il est resté proche de Thornton et ne l'a jamais quitté des yeux.

Он держался рядом с Торнтоном и не выпускал его из виду.

Il le suivait pendant qu'il travaillait et le regardait pendant qu'il mangeait.

Он следовал за ним, пока тот работал, и наблюдал за ним, пока тот ел.

Il voyait Thornton dans ses couvertures la nuit et dehors chaque matin.

Он видел, как Торнтон заворачивался в одеяло ночью и вылезал каждое утро.

Mais bientôt l'appel de la forêt revint, plus fort que jamais.

Но вскоре зов леса вернулся, громче, чем когда-либо прежде.

Buck devint à nouveau agité, agité par les pensées du loup sauvage.

Бэк снова забеспокоился, разбуженный мыслями о диком волке.

Il se souvenait de la terre ouverte et de la course côte à côte.

Он вспомнил открытую местность и бег бок о бок.

Il commença à errer à nouveau dans la forêt, seul et alerte.

Он снова начал бродить по лесу, один и настороженный.

Mais le frère sauvage ne revint pas et le hurlement ne fut pas entendu.

Но дикий брат не вернулся, и воя не было слышно.

Buck a commencé à dormir dehors, restant absent pendant des jours.

Бак начал спать на улице, иногда отсутствуя по несколько дней.

Une fois, il traversa la haute ligne de partage des eaux où le ruisseau commençait.

Однажды он пересек высокий водораздел, где начинался ручей.

Il entra dans le pays des bois sombres et des larges ruisseaux.

Он вошел в страну темного леса и широких ручьев.

Pendant une semaine, il a erré, à la recherche de signes de son frère sauvage.

Целую неделю он бродил, выискивая следы дикого брата.

Il tuait sa propre viande et voyageait à grands pas, sans relâche.

Он сам убивал себе добычу и путешествовал большими, неутомимыми шагами.

Il pêchait le saumon dans une large rivière qui se jetait dans la mer.

Он ловил лосося в широкой реке, впадающей в море.

Là, il combattit et tua un ours noir rendu fou par les insectes.

Там он сразился и убил черного медведя, обезумевшего от насекомых.

L'ours était en train de pêcher et courait aveuglément à travers les arbres.

Медведь ловил рыбу и слепо бежал между деревьями.

La bataille fut féroce, réveillant le profond esprit combatif de Buck.

Битва была жестокой и пробудила в Баке глубокий боевой дух.

Deux jours plus tard, Buck est revenu et a trouvé des carcajous près de sa proie.

Два дня спустя Бак вернулся и обнаружил росомах возле своей добычи.

Une douzaine d'entre eux se disputaient la viande avec une fureur bruyante.

Дюжина из них в шумной ярости ссорилась из-за мяса.

Buck chargea et les dispersa comme des feuilles dans le vent.

Бак бросился на них и разбросал их, словно листья по ветру.

Deux loups restèrent derrière, silencieux, sans vie et immobiles pour toujours.

Остались два волка — безмолвные, безжизненные и неподвижные навсегда.

La soif de sang était plus forte que jamais.

Жажда крови стала сильнее, чем когда-либо.

Buck était un chasseur, un tueur, se nourrissant de créatures vivantes.

Бак был охотником, убийцей, питающимся живыми существами.

Il a survécu seul, en s'appuyant sur sa force et ses sens aiguisés.

Он выжил в одиночку, полагаясь на свою силу и острые чувства.

Il prospérait dans la nature, où seuls les plus résistants pouvaient vivre.

Он прекрасно себя чувствовал в дикой природе, где могли выжить только самые выносливые.

De là, une grande fierté s'éleva et remplit tout l'être de Buck.

От этого огромная гордость поднялась и наполнила все существо Бэка.

Sa fierté se reflétait dans chacun de ses pas, dans le mouvement de chacun de ses muscles.

Его гордость проявлялась в каждом шаге, в движении каждого мускула.

Sa fierté était aussi claire qu'un discours, visible dans la façon dont il se comportait.

Его гордость была столь же очевидна, как и речь, и это было видно по тому, как он себя держал.

Même son épais pelage semblait plus majestueux et brillait davantage.

Даже его густая шерсть выглядела величественнее и блестела ярче.

Buck aurait pu être confondu avec un loup géant.

Бака можно было бы принять за гигантского лесного волка.

À l'exception du brun sur son museau et des taches au-dessus de ses yeux.

За исключением коричневого цвета на морде и пятен над глазами.

Et la traînée de fourrure blanche qui courait au milieu de sa poitrine.

И белая полоска меха, тянущаяся по центру его груди.

Il était encore plus grand que le plus grand loup de cette race féroce.

Он был даже крупнее самого крупного волка этой свирепой породы.

Son père, un Saint-Bernard, lui a donné de la taille et une ossature lourde.

Его отец, сенбернар, передал ему крупные размеры и крепкое телосложение.

Sa mère, une bergère, a façonné cette masse en forme de loup.

Его мать, пастух, придала этому существу форму волка.

Il avait le long museau d'un loup, bien que plus lourd et plus large.

У него была длинная морда волка, хотя и более тяжелая и широкая.

Sa tête était celle d'un loup, mais construite à une échelle massive et majestueuse.

Голова у него была волчья, но массивная и величественная.

La ruse de Buck était la ruse du loup et de la nature.

Хитрость Бэка была хитростью волка и дикой природы.

Son intelligence lui vient à la fois du berger allemand et du Saint-Bernard.

Его интеллект унаследован от немецкой овчарки и сенбернара.

Tout cela, ajouté à une expérience difficile, faisait de lui une créature redoutable.

Все это, а также суровый опыт, сделали его грозным существом.

Il était aussi redoutable que n'importe quelle bête qui parcourait les régions sauvages du nord.

Он был столь же грозен, как и любой зверь, бродивший в северных дебрях.

Ne se nourrissant que de viande, Buck a atteint le sommet de sa force.

Питаясь только мясом, Бак достиг пика своей силы.

Il débordait de puissance et de force masculine dans chaque fibre de son être.

Он был переполнен силой и мужской мощью в каждой клеточке своего тела.

Lorsque Thornton lui caressait le dos, ses poils brillaient d'énergie.

Когда Торнтон гладил его по спине, волосы вспыхивали энергией.

Chaque cheveu crépitait, chargé du contact du magnétisme vivant.

Каждый волосок потрескивал, заряженный прикосновением живого магнетизма.

Son corps et son cerveau étaient réglés sur le ton le plus fin possible.

Его тело и мозг были настроены на максимально возможный тон.

Chaque nerf, chaque fibre et chaque muscle fonctionnaient en parfaite harmonie.

Каждый нерв, волокно и мышца работали в идеальной гармонии.

À tout son ou toute vue nécessitant une action, il répondait instantanément.

На любой звук или вид, требующий действия, он реагировал мгновенно.

Si un husky sautait pour attaquer, Buck pouvait sauter deux fois plus vite.

Если хаски прыгнет, чтобы напасть, Бак сможет прыгнуть в два раза быстрее.

Il a réagi plus vite que les autres ne pouvaient le voir ou l'entendre.

Он отреагировал быстрее, чем другие могли увидеть или услышать.

La perception, la décision et l'action se sont produites en un seul instant fluide.

Восприятие, решение и действие произошли в один плавный момент.

En vérité, ces actes étaient distincts, mais trop rapides pour être remarqués.

На самом деле эти действия были отдельными, но слишком быстрыми, чтобы их можно было заметить.

Les intervalles entre ces actes étaient si brefs qu'ils semblaient n'en faire qu'un.

Промежутки между этими актами были настолько короткими, что они казались одним целым.

Ses muscles et son être étaient comme des ressorts étroitement enroulés.

Его мускулы и все его существо были подобны туго сжатым пружинам.

Son corps débordait de vie, sauvage et joyeux dans sa puissance.

Его тело наполнилось жизнью, дикой и радостной в своей силе.

Parfois, il avait l'impression que la force allait jaillir de lui entièrement.

Временами ему казалось, что сила вот-вот вырвется из него наружу.

« Il n'y a jamais eu un tel chien », a déclaré Thornton un jour tranquille.

«Никогда не было такой собаки», — сказал Торнтон в один тихий день.

Les partenaires regardaient Buck sortir fièrement du camp.

Партнеры наблюдали, как Бак гордо покидает лагерь.

« Lorsqu'il a été créé, il a changé ce que pouvait être un chien », a déclaré Pete.

«Когда он был создан, он изменил то, какой может быть собака», — сказал Пит.

« Par Jésus ! Je le pense moi-même », acquiesça rapidement Hans.

«Клянусь Иисусом! Я и сам так думаю», — быстро согласился Ганс.

Ils l'ont vu s'éloigner, mais pas le changement qui s'est produit après.

Они видели, как он ушел, но не видели перемен, которые произошли после этого.

Dès qu'il est entré dans les bois, Buck s'est complètement transformé.

Как только Бак вошел в лес, он полностью преобразился.

Il ne marchait plus, mais se déplaçait comme un fantôme sauvage parmi les arbres.

Он больше не маршировал, а двигался, как дикий призрак, среди деревьев.

Il devint silencieux, les pieds comme un chat, une lueur traversant les ombres.

Он стал молчаливым, кошачьим, словно промелькнувшим среди теней.

Il utilisait la couverture avec habileté, rampant sur le ventre comme un serpent.

Он умело пользовался укрытием, ползая на животе, как змея.

Et comme un serpent, il pouvait bondir en avant et frapper en silence.

И подобно змее, он мог прыгнуть вперед и нанести удар бесшумно.

Il pourrait voler un lagopède directement dans son nid caché.

Он мог украсть куропатку прямо из ее скрытого гнезда.

Il a tué des lapins endormis sans un seul bruit.

Он убивал спящих кроликов, не издавая ни единого звука.

Il pouvait attraper des tamias en plein vol alors qu'ils fuyaient trop lentement.

Он мог ловить бурундуков в воздухе, поскольку они летели слишком медленно.

Même les poissons dans les bassins ne pouvaient échapper à ses attaques soudaines.

Даже рыба в пруду не могла избежать его внезапных ударов.

Même les castors astucieux qui réparaient les barrages n'étaient pas à l'abri de lui.

Даже умные бобры, строящие плотины, не были от него в безопасности.

Il tuait pour se nourrir, pas pour le plaisir, mais il préférait tuer ses propres victimes.

Он убивал ради еды, а не ради развлечения, но больше всего ему нравилось убивать своих собственных жертв.

Pourtant, un humour sournois traversait certaines de ses chasses silencieuses.

Тем не менее, в некоторых из его молчаливых охот присутствовал лукавый юмор.

Il s'est approché des écureuils, mais les a laissés s'échapper.

Он подкрался к белкам вплотную, но тут же позволил им убежать.

Ils allaient fuir vers les arbres, bavardant dans une rage effrayée.

Они собирались убежать к деревьям, крича от страха и ярости.

À l'arrivée de l'automne, les orignaux ont commencé à apparaître en plus grand nombre.

С наступлением осени лоси стали появляться в больших количествах.

Ils se sont déplacés lentement vers les basses vallées pour affronter l'hiver.

Они медленно двинулись в низкие долины, чтобы встретить зиму.

Buck avait déjà abattu un jeune veau errant.

Бак уже подстрелил одного молодого отбившегося от стада теленка.

Mais il aspirait à affronter des proies plus grandes et plus dangereuses.

Но ему хотелось столкнуться с более крупной и опасной добычей.

Un jour, à la ligne de partage des eaux, à la tête du ruisseau, il trouva sa chance.

Однажды на водоразделе, у истока ручья, ему представился шанс.

Un troupeau de vingt orignaux avait traversé des terres boisées.

Стадо из двадцати лосей перешло дорогу из лесных угодий.

Parmi eux se trouvait un puissant taureau, le chef du groupe.

Среди них был могучий бык, вожак группы.

Le taureau mesurait plus de six pieds de haut et avait l'air féroce et sauvage.

Бык был ростом более шести футов и выглядел свирепым и диким.

Il lança ses larges bois, quatorze pointes se ramifiant vers l'extérieur.

Он вскинул свои широкие рога, четырнадцать отростков которых расходились наружу.

Les extrémités de ces bois s'étendaient sur sept pieds de large.

Кончики этих рогов достигали семи футов в поперечнике.

Ses petits yeux brûlaient de rage lorsqu'il aperçut Buck à proximité.

Его маленькие глаза вспыхнули яростью, когда он заметил неподалеку Бака.

Il poussa un rugissement furieux, tremblant de fureur et de douleur.

Он издал яростный рев, дрожа от ярости и боли.

Une pointe de flèche sortait près de son flanc, empennée et pointue.

Возле его бока торчал наконечник стрелы, оперенный и острый.

Cette blessure a contribué à expliquer son humeur sauvage et amère.

Эта рана помогла объяснить его дикое, озлобленное настроение.

Buck, guidé par un ancien instinct de chasseur, a fait son mouvement.

Бэк, ведомый древним охотничьим инстинктом, сделал свой ход.

Son objectif était de séparer le taureau du reste du troupeau.

Его цель — отделить быка от остального стада.

Ce n'était pas une tâche facile : il fallait de la rapidité et une ruse féroce.

Это была непростая задача — требовались скорость и жестокая хитрость.

Il aboyait et dansait près du taureau, juste hors de portée.

Он лаял и танцевал рядом с быком, но вне досягаемости.

L'élan s'est précipité avec d'énormes sabots et des bois mortels.

Лось бросился вперед, выставив огромные копыта и смертоносные рога.

Un seul coup aurait pu mettre fin à la vie de Buck en un clin d'œil.

Один удар мог бы оборвать жизнь Бака в одно мгновение.

Incapable de laisser la menace derrière lui, le taureau devint fou.

Не в силах оставить угрозу позади, бык взбесился.

Il chargea avec fureur, mais Buck s'échappa toujours.

Он яростно бросался в атаку, но Бак всегда ускользал.

Buck simula une faiblesse, l'attirant plus loin du troupeau.

Бэк притворился слабым, уводя его подальше от стада.

Mais les jeunes taureaux allaient charger pour protéger le leader.

Но молодые быки собирались броситься в атаку, чтобы защитить вожака.

Ils ont forcé Buck à battre en retraite et le taureau à rejoindre le groupe.

Они заставили Бэка отступить, а быка — присоединиться к группе.

Il y a une patience dans la nature, profonde et imparable.

В дикой природе есть терпение, глубокое и неудержимое.

Une araignée attend immobile dans sa toile pendant d'innombrables heures.

Паук неподвижно ждет в своей паутине бесчисленное количество часов.

Un serpent s'enroule sans tressaillement et attend que son heure soit venue.

Змея извивается, не дергаясь, и ждет своего часа.

Une panthère se tient en embuscade, jusqu'à ce que le moment arrive.

Пантера затаилась в засаде, пока не настал подходящий момент.

C'est la patience des prédateurs qui chassent pour survivre.

Это терпение хищников, которые охотятся, чтобы выжить.

Cette même patience brûlait à l'intérieur de Buck alors qu'il restait proche.

То же самое терпение горело внутри Бака, пока он оставался рядом.

Il resta près du troupeau, ralentissant sa marche et suscitant la peur.

Он держался рядом со стадом, замедляя его движение и нагоняя страх.

Il taquinait les jeunes taureaux et harcelait les vaches mères.

Он дразнил молодых быков и приставал к коровам-матерям.

Il a plongé le taureau blessé dans une rage encore plus profonde et impuissante.

Он довел раненого быка до еще более глубокой, беспомощной ярости.

Pendant une demi-journée, le combat s'est prolongé sans aucun répit.

Бой продолжался полдня без малейшего перерыва.

Buck attaquait sous tous les angles, rapide et féroce comme le vent.

Бак атаковал со всех сторон, быстро и яростно, как ветер.

Il a empêché le taureau de se reposer ou de se cacher avec son troupeau.

Он не давал быку отдыхать или прятаться в стаде.

Le cerf a épuisé la volonté de l'élan plus vite que son corps.

Бэк истощил волю лося быстрее, чем его тело.

La journée passa et le soleil se coucha bas dans le ciel du nord-ouest.

Прошел день, и солнце опустилось низко на северо-западе неба.

Les jeunes taureaux revinrent plus lentement pour aider leur chef.

Молодые быки вернулись медленнее, чтобы помочь своему вожаку.

Les nuits d'automne étaient revenues et l'obscurité durait désormais six heures.

Вернулись осенние ночи, и темнота теперь длилась шесть часов.

L'hiver les poussait vers des vallées plus sûres et plus chaudes.

Зима вынуждала их спускаться вниз, в более безопасные и теплые долины.

Mais ils ne pouvaient toujours pas échapper au chasseur qui les retenait.

Но им все равно не удалось убежать от охотника, который их удерживал.

Une seule vie était en jeu : pas celle du troupeau, mais celle de leur chef.

На карту была поставлена только одна жизнь — не стада, а их вожака.

Cela rendait la menace lointaine et non leur préoccupation urgente.

Это сделало угрозу отдаленной и не вызывающей их первоочередных беспокойств.

Au fil du temps, ils ont accepté ce prix et ont laissé Buck prendre le vieux taureau.

Со временем они смирились с этой ценой и позволили Бак забрать старого быка.

Alors que le crépuscule s'installait, le vieux taureau se tenait debout, la tête baissée.

Когда наступили сумерки, старый бык стоял, опустив голову.

Il regarda le troupeau qu'il avait conduit disparaître dans la lumière déclinante.

Он наблюдал, как стадо, которое он вел, исчезло в угасающем свете.

Il y avait des vaches qu'il avait connues, des veaux qu'il avait autrefois engendrés.

Там были коровы, которых он знал, и телята, которых он когда-то был отцом.

Il y avait des taureaux plus jeunes qu'il avait combattus et dominés au cours des saisons précédentes.

В прошлые сезоны он сражался и правил быками помоложе.

Il ne pouvait pas les suivre, car Buck était à nouveau accroupi devant lui.

Он не мог последовать за ними, потому что перед ним снова присел Бэк.

La terreur impitoyable aux crocs bloquait tous les chemins qu'il pouvait emprunter.

Беспощадный клыкастый ужас преградил ему все пути.

Le taureau pesait plus de trois cents livres de puissance dense.

Бык весил более трехсот фунтов плотной силы.

Il avait vécu longtemps et s'était battu avec acharnement dans un monde de luttes.

Он прожил долгую жизнь и упорно боролся в мире борьбы.

Mais maintenant, à la fin, la mort venait d'une bête bien en dessous de lui.

Но теперь, в конце концов, смерть пришла от зверя, находившегося далеко внизу.

La tête de Buck n'atteignait même pas les énormes genoux noueux du taureau.

Голова Бэка даже не поднялась до огромных колен быка с костлявыми суставами.

À partir de ce moment, Buck resta avec le taureau nuit et jour.

С этого момента Бак оставался с быком день и ночь.

Il ne lui a jamais laissé de repos, ne lui a jamais permis de brouter ou de boire.

Он никогда не давал ему покоя, никогда не позволял ему пастись или пить.

Le taureau a essayé de manger de jeunes pousses de bouleau et des feuilles de saule.

Бык пытался есть молодые побеги березы и листья ивы.

Mais Buck le repoussa, toujours alerte et toujours attaquant.

Но Бак отогнал его, всегда настороженный и всегда атакующий.

Même dans les ruisseaux qui ruisselaient, Buck bloquait toute tentative assoiffée.

Даже у тонких ручьев Бак блокировал все попытки утолить жажду.

Parfois, par désespoir, le taureau s'enfuyait à toute vitesse.

Иногда, отчаявшись, бык бежал со всей скоростью.

Buck le laissa courir, galopant calmement juste derrière, jamais très loin.

Бак позволил ему бежать, спокойно скакая позади, но не отставая далеко.

Lorsque l'élan s'arrêta, Buck s'allongea, mais resta prêt.

Когда лось остановился, Бак лег, но остался наготове.

Si le taureau essayait de manger ou de boire, Buck frappait avec une fureur totale.

Если бык пытался есть или пить, Бак наносил удар со всей яростью.

La grosse tête du taureau s'affaissait sous ses vastes bois.

Огромная голова быка опустилась еще ниже под его огромными рогами.

Son rythme ralentit, le trot devint lourd, une marche trébuchante.

Его шаг замедлился, рысь стала тяжелой, спотыкающейся.

Il restait souvent immobile, les oreilles tombantes et le nez au sol.

Он часто стоял неподвижно, опустив уши и опустив нос к земле.

Pendant ces moments-là, Buck prenait le temps de boire et de se reposer.

В такие моменты Бак находил время, чтобы попить и отдохнуть.

La langue tirée, les yeux fixés, Buck sentait que la terre était en train de changer.

Высунув язык и не отрывая глаз, Бак почувствовал, что земля меняется.

Il sentit quelque chose de nouveau se déplacer dans la forêt et dans le ciel.

Он почувствовал, как что-то новое движется по лесу и небу.

Avec le retour des orignaux, d'autres créatures sauvages ont fait de même.

С возвращением лосей вернулись и другие дикие животные.

La terre semblait vivante, avec une présence invisible mais fortement connue.

Земля ощущалась живой и невидимой, но отчетливо знакомой.

Ce n'était ni par l'ouïe, ni par la vue, ni par l'odorat que Buck le savait.

Бак узнал об этом не по звуку, не по виду и не по запаху.

Un sentiment plus profond lui disait que de nouvelles forces étaient en mouvement.

Глубокое чувство подсказывало ему, что наступают новые силы.

Une vie étrange s'agitait dans les bois et le long des ruisseaux.

В лесах и вдоль ручьев кипела странная жизнь.

Il a décidé d'explorer cet esprit, une fois la chasse terminée.

Он решил исследовать этого духа после того, как охота будет завершена.

Le quatrième jour, Buck a finalement abattu l'élan.

На четвертый день Бак наконец завалил лося.

Il est resté près de la proie pendant une journée et une nuit entières, se nourrissant et se reposant.

Он оставался возле добычи целый день и ночь, питаясь и отдыхая.

Il mangea, puis dormit, puis mangea à nouveau, jusqu'à ce qu'il soit fort et rassasié.

Он ел, потом спал, потом снова ел, пока не стал сильным и сытым.

Lorsqu'il fut prêt, il retourna vers le camp et Thornton.

Когда он был готов, он повернул обратно к лагерю и Торнтону.

D'un pas régulier, il commença le long voyage de retour vers la maison.

Равномерно шагая, он начал долгий обратный путь домой.

Il courait d'un pas infatigable, heure après heure, sans jamais s'égarer.

Он бежал своим неутомимым шагом час за часом, ни разу не сбившись с пути.

À travers des terres inconnues, il se déplaçait droit comme l'aiguille d'une boussole.

Через неизведанные земли он двигался прямолинейно, как стрелка компаса.

Son sens de l'orientation faisait paraître l'homme et la carte faibles en comparaison.

По сравнению с его чувством направления человек и карта кажутся слабыми.

Tandis que Buck courait, il sentait plus fortement l'agitation dans la terre sauvage.

По мере того, как Бак бежал, он все сильнее ощущал движение в дикой местности.

C'était un nouveau genre de vie, différent de celui des mois calmes de l'été.

Это был новый образ жизни, непохожий на спокойные летние месяцы.

Ce sentiment n'était plus un message subtil ou distant.

Это чувство больше не было тонким или отдаленным посланием.

Maintenant, les oiseaux parlaient de cette vie et les écureuils en bavardaient.

Теперь птицы говорили об этой жизни, и белки болтали о ней.

Même la brise murmurait des avertissements à travers les arbres silencieux.

Даже ветерок нашептывал предупреждения сквозь безмолвные деревья.

Il s'arrêta à plusieurs reprises et respira l'air frais du matin.

Несколько раз он останавливался и вдыхал свежий утренний воздух.

Il y lut un message qui le fit bondir plus vite en avant.

Он прочитал там сообщение, которое заставило его быстрее прыгнуть вперед.

Un lourd sentiment de danger l'envahit, comme si quelque chose s'était mal passé.

Его охватило сильное чувство опасности, словно что-то пошло не так.

Il craignait qu'une catastrophe ne se produise – ou ne soit déjà arrivée.

Он боялся, что надвигается беда — или уже наступила.

Il franchit la dernière crête et entra dans la vallée en contrebas.

Он пересёк последний хребет и вошел в долину внизу.

Il se déplaçait plus lentement, alerte et prudent à chaque pas.

Он двигался медленнее, с каждым шагом становясь все более внимательным и осторожным.

À trois milles de là, il trouva une piste fraîche qui le fit se raidir.

Через три мили он обнаружил свежий след, заставивший его напрячься.

Les cheveux le long de son cou ondulaient et se hérissaient d'alarme.

Волосы на его шее встали дыбом от беспокойства.

Le sentier menait directement au camp où Thornton attendait.

Тропа вела прямо к лагерю, где ждал Торнтон.

Buck se déplaçait désormais plus rapidement, sa foulée à la fois silencieuse et rapide.

Бак теперь двигался быстрее, его шаги были одновременно тихими и быстрыми.

Ses nerfs se sont resserrés lorsqu'il a lu des signes que d'autres allaient manquer.

Его нервы напряглись, когда он увидел признаки того, что другие могли их не заметить.

Chaque détail du sentier racontait une histoire, sauf le dernier morceau.

Каждая деталь на тропе рассказывала историю, за исключением последней.

Son nez lui parlait de la vie qui s'était déroulée ici.

Его нос рассказал ему о жизни, прошедшей таким образом.

L'odeur lui donnait une image changeante alors qu'il le suivait de près.

Запах создавал у него меняющуюся картину, пока он шел следом.

Mais la forêt elle-même était devenue silencieuse, anormalement immobile.

Но сам лес затих; стало неестественно тихо.

Les oiseaux avaient disparu, les écureuils étaient cachés, silencieux et immobiles.

Птицы исчезли, белки спрятались, затихли и замерли.

Il n'a vu qu'un seul écureuil gris, allongé sur un arbre mort.

Он увидел только одну серую белку, лежащую на мертвом дереве.

L'écureuil se fondait dans la masse, raide et immobile comme une partie de la forêt.

Белка слилась с окружающей средой, застыв и неподвижно, словно часть леса.

Buck se déplaçait comme une ombre, silencieux et sûr à travers les arbres.

Бак двигался среди деревьев словно тень, бесшумно и уверенно.

Son nez se souleva sur le côté comme s'il était tiré par une main invisible.

Его нос дернулся в сторону, словно его тянула невидимая рука.

Il se retourna et suivit la nouvelle odeur jusqu'au plus profond d'un fourré.

Он повернулся и пошел на новый запах в глубь зарослей.

Là, il trouva Nig, étendu mort, transpercé par une flèche.

Там он нашел Нига, лежащего мертвым, пронзенным стрелой.

La flèche traversa son corps, laissant encore apparaître ses plumes.

Стрела прошла сквозь его тело, перья все еще были видны.

Nig s'était traîné jusqu'ici, mais il était mort avant d'avoir pu obtenir de l'aide.

Ниг дотащился туда сам, но умер, не дождавшись помощи.

Une centaine de mètres plus loin, Buck trouva un autre chien de traîneau.

Через сотню ярдов Бак обнаружил еще одну ездовую собаку.

C'était un chien que Thornton avait racheté à Dawson City.

Это была собака, которую Торнтон купил в Доусон-Сити.

Le chien était en proie à une lutte à mort, se débattant violemment sur le sentier.

Собака билась не на жизнь, а на смерть, изо всех сил пытаясь удержаться на тропе.

Buck le contourna sans s'arrêter, les yeux fixés devant lui.

Бак обошёл его, не останавливаясь и устремив взгляд вперёд.

Du côté du camp venait un chant lointain et rythmé.

Со стороны лагеря доносилось далекое ритмичное пение.

Les voix s'élevaient et retombaient sur un ton étrange, inquiétant et chantant.

Голоса то усиливались, то затихали в странном, жутком, монотонном тоне.

Buck rampa jusqu'au bord de la clairière en silence.

Бак молча пополз к краю поляны.

Là, il vit Hans étendu face contre terre, percé de nombreuses flèches.

Там он увидел Ганса, лежащего ничком, пронзенного множеством стрел.

Son corps ressemblait à celui d'un porc-épic, hérissé de plumes.

Его тело напоминало дикобраза, ощетинившегося пернатыми стрелами.

Au même moment, Buck regarda vers le pavillon en ruine.

В тот же момент Бак посмотрел в сторону разрушенного домика.

Cette vue lui fit dresser les cheveux sur la nuque et les épaules.

От этого зрелища волосы на его шее и плечах встали дыбом.

Une tempête de rage sauvage parcourut tout le corps de Buck.

Буря дикой ярости охватила все тело Бака.

Il grogna à haute voix, même s'il ne savait pas qu'il l'avait fait.

Он громко зарычал, хотя и не знал об этом.

Le son était brut, rempli d'une fureur terrifiante et sauvage.

Звук был грубым, наполненным ужасающей, дикой яростью.

Pour la dernière fois de sa vie, Buck a perdu la raison au profit de l'émotion.

В последний раз в жизни Бак поддался эмоциям и потерял рассудок.

C'est l'amour pour John Thornton qui a brisé son contrôle minutieux.

Именно любовь к Джону Торнтону сломала его тщательный контроль.

Les Yeehats dansaient autour de la hutte en épicéa détruite.

Йихаты танцевали вокруг разрушенного елового домика.

Puis un rugissement retentit et une bête inconnue chargea vers eux.

Затем раздался рев — и на них бросился неизвестный зверь.

C'était Buck ; une fureur en mouvement ; une tempête vivante de vengeance.

Это был Бак — ярость в движении, живая буря мести.

Il se jeta au milieu d'eux, fou du besoin de tuer.

Он бросился в их гущу, обезумев от желания убивать.

Il sauta sur le premier homme, le chef Yeehat, et frappa juste.

Он прыгнул на первого человека, вождя Йихата, и нанес точный удар.

Sa gorge fut déchirée et du sang jaillit à flots.

Его горло было разорвано, и кровь хлынула ручьем.

Buck ne s'arrêta pas, mais déchira la gorge de l'homme suivant d'un seul bond.

Бэк не остановился, а одним прыжком разорвал горло следующему человеку.

Il était inarrêtable : il déchirait, taillait, ne s'arrêtait jamais pour se reposer.

Его было не остановить — он разрывал, рубил, не останавливаясь для отдыха.

Il s'élança et bondit si vite que leurs flèches ne purent l'atteindre.

Он метался и прыгал так быстро, что их стрелы не могли его коснуться.

Les Yeehats étaient pris dans leur propre panique et confusion.

Йихаты были охвачены собственной паникой и замешательством.

Leurs flèches manquèrent Buck et se frappèrent l'une l'autre à la place.

Их стрелы пролетели мимо Бэка и вместо этого попали друг в друга.

Un jeune homme a lancé une lance sur Buck et a touché un autre homme.

Один юноша метнул копье в Бэка и попал в другого мужчину.

La lance lui transperça la poitrine, la pointe lui transperçant le dos.

Копье вонзилось ему в грудь, а острие пробило спину.

La terreur s'empara des Yeehats et ils se mirent en retraite.

Ужас охватил Йихатов, и они обратились в бегство.

Ils crièrent à l'Esprit Maléfique et s'enfuirent dans les ombres de la forêt.

Они закричали о Злом Духе и убежали в лесную тень.

Vraiment, Buck était comme un démon alors qu'il poursuivait les Yeehats.

Поистине, Бак был подобен демону, когда преследовал Йихатов.

Il les poursuivit à travers la forêt, les faisant tomber comme des cerfs.

Он гнался за ними по лесу, сбивая их с ног, словно оленей.

Ce fut un jour de destin et de terreur pour les Yeehats effrayés.

Для напуганных Йихатов этот день стал днем судьбы и ужаса.

Ils se dispersèrent à travers le pays, fuyant au loin dans toutes les directions.

Они рассеялись по стране, разбегаясь во всех направлениях.

Une semaine entière s'est écoulée avant que les derniers survivants ne se retrouvent dans une vallée.

Прошла целая неделя, прежде чем последние выжившие встретились в долине.

Ce n'est qu'alors qu'ils ont compté leurs pertes et parlé de ce qui s'était passé.

Только тогда они подсчитали свои потери и рассказали о случившемся.

Buck, après s'être lassé de la chasse, retourna au camp en ruine.

Бэк, устав от погони, вернулся в разрушенный лагерь.

Il a trouvé Pete, toujours dans ses couvertures, tué lors de la première attaque.

Он нашел Пита, все еще завернутого в одеяла, убитого в первой атаке.

Les signes du dernier combat de Thornton étaient marqués dans la terre à proximité.

Следы последней борьбы Торнтона были обнаружены на земле неподалеку.

Buck a suivi chaque trace, reniflant chaque marque jusqu'à un point final.

Бак следовал по каждому следу, обнюхивая каждую отметку до конечной точки.

Au bord d'un bassin profond, il trouva le fidèle Skeet, allongé immobile.

На краю глубокого пруда он нашел верного Скита, лежащего неподвижно.

La tête et les pattes avant de Skeet étaient dans l'eau, immobiles dans la mort.

Голова и передние лапы Скита были в воде, они были неподвижны, словно мертвые.

La piscine était boueuse et contaminée par les eaux de ruissellement provenant des écluses.

Бассейн был грязным и загрязненным стоками из шлюзов.

Sa surface nuageuse cachait ce qui se trouvait en dessous, mais Buck connaissait la vérité.

Его облачная поверхность скрывала то, что находилось под ней, но Бак знал правду.

Il a suivi l'odeur de Thornton dans la piscine, mais l'odeur ne menait nulle part ailleurs.

Он проследил путь Торнтона до бассейна, но запах никуда больше не привел.

Aucune odeur ne menait à l'extérieur, seulement le silence des eaux profondes.

Никакого запаха, ведущего наружу, не было — только тишина глубокой воды.

Toute la journée, Buck resta près de la piscine, arpentant le camp avec chagrin.

Весь день Бак оставался возле пруда, расхаживая по лагерю в печали.

Il errait sans cesse ou restait assis, immobile, perdu dans ses pensées.

Он беспокойно бродил или сидел неподвижно, погруженный в тяжелые мысли.

Il connaissait la mort, la fin de la vie, la disparition de tout mouvement.

Он знал смерть, конец жизни, исчезновение всякого движения.

Il comprit que John Thornton était parti et ne reviendrait jamais.

Он понял, что Джон Торнтон ушел и больше никогда не вернется.

La perte a laissé en lui un vide qui palpitait comme la faim.

Потеря оставила в нем пустоту, которая пульсировала, словно голод.

Mais c'était une faim que la nourriture ne pouvait apaiser, peu importe la quantité qu'il mangeait.

Но этот голод еда не могла утолить, сколько бы он ни ел.

Parfois, alors qu'il regardait les Yeehats morts, la douleur s'estompait.

Иногда, когда он смотрел на мертвых Йихатов, боль утихала.

Et puis une étrange fierté monta en lui, féroce et complète.

И тут в нем поднялась странная гордость, яростная и всеобъемлющая.

Il avait tué l'homme, le gibier le plus élevé et le plus dangereux de tous.

Он убил человека, самую высокую и опасную дичь из всех.

Il avait tué au mépris de l'ancienne loi du gourdin et des crocs.

Он убил, нарушив древний закон дубинки и клыка.

Buck renifla leurs corps sans vie, curieux et pensif.

Бак с любопытством и задумчивостью обнюхивал их безжизненные тела.

Ils étaient morts si facilement, bien plus facilement qu'un husky dans un combat.

Они погибли так легко — гораздо легче, чем хаски в драке.

Sans leurs armes, ils n'avaient aucune véritable force ni menace.

Без оружия они не имели настоящей силы или угрозы.

Buck n'aurait plus jamais peur d'eux, à moins qu'ils ne soient armés.

Бак больше никогда не будет их бояться, если только они не будут вооружены.

Ce n'est que lorsqu'ils portaient des gourdins, des lances ou des flèches qu'il se méfiait.

Он насторожился только тогда, когда они носили дубинки, копья или стрелы.

La nuit tomba et une pleine lune se leva au-dessus de la cime des arbres.

Наступила ночь, и полная луна поднялась высоко над верхушками деревьев.

La pâle lumière de la lune baignait la terre d'une douce lueur fantomatique, comme le jour.

Бледный свет луны заливал землю мягким, призрачным сиянием, словно днем.

Alors que la nuit s'approfondissait, Buck pleurait toujours au bord de la piscine silencieuse.

Ночь сгущалась, а Бак все еще скорбел у тихого пруда.

Puis il prit conscience d'un autre mouvement dans la forêt.

Затем он почувствовал какое-то движение в лесу.

L'agitation ne venait pas des Yeehats, mais de quelque chose de plus ancien et de plus profond.

Волнение исходило не от Йихатов, а от чего-то более древнего и глубокого.

Il se leva, les oreilles dressées, le nez testant la brise avec précaution.

Он встал, навострил уши и осторожно понюхал воздух.

De loin, un cri faible et aigu perça le silence.

Откуда-то издалека раздался слабый, резкий вопль, нарушивший тишину.

Puis un chœur de cris similaires suivit de près le premier.

Затем сразу же за первым раздался хор подобных криков.

Le bruit se rapprochait, devenant plus fort à chaque instant qui passait.

Звук приближался, становясь громче с каждой минутой.

Buck connaissait ce cri : il venait de cet autre monde dans sa mémoire.

Бак знал этот крик — он пришел из другого мира в его памяти.

Il se dirigea vers le centre de l'espace ouvert et écouta attentivement.

Он вышел на середину открытого пространства и внимательно прислушался.

L'appel retentit, multiple et plus puissant que jamais.

Раздался призыв, многозначительный и более мощный, чем когда-либо.

Et maintenant, plus que jamais, Buck était prêt à répondre à son appel.

И теперь, как никогда прежде, Бак был готов ответить на свой призыв.

John Thornton était mort et il ne lui restait plus aucun lien avec l'homme.

Джон Торнтон умер, и у него не осталось никакой связи с человеком.

L'homme et toutes ses prétentions avaient disparu : il était enfin libre.

Человек и все человеческие права исчезли — он наконец-то был свободен.

La meute de loups chassait de la viande comme les Yeehats l'avaient fait autrefois.

Волчья стая гонялась за мясом, как когда-то Йихаты.

Ils avaient suivi les orignaux depuis les terres boisées.

Они преследовали лосей с лесистых земель.

Maintenant, sauvages et affamés de proies, ils traversèrent sa vallée.

Теперь, дикие и жаждущие добычи, они вошли в его долину.

Ils arrivèrent dans la clairière éclairée par la lune, coulant comme de l'eau argentée.

Они вышли на залитую лунным светом поляну, струясь, словно серебряная вода.

Buck se tenait immobile au centre, les attendant.

Бак стоял неподвижно в центре и ждал их.

Sa présence calme et imposante a stupéfié la meute et l'a plongée dans un bref silence.

Его спокойное, внушительное присутствие ошеломило стаю и на короткое время воцарилась тишина.

Alors le loup le plus audacieux sauta droit sur lui sans hésitation.

И тогда самый смелый волк без колебаний прыгнул прямо на него.

Buck frappa vite et brisa le cou du loup d'un seul coup.

Бэк нанес быстрый удар и одним ударом сломал волку шею.

Il resta immobile à nouveau tandis que le loup mourant se tordait derrière lui.

Он снова замер, а умирающий волк извивался позади него.

Trois autres loups ont attaqué rapidement, l'un après l'autre.

Еще три волка быстро напали, один за другим.

Chacun d'eux s'est retiré en sang, la gorge ou les épaules tranchées.

Каждый отступал, истекая кровью, с перерезанными горлами и плечами.

Cela a suffi à déclencher une charge sauvage de toute la meute.

Этого было достаточно, чтобы спровоцировать дикую атаку всей стаи.

Ils se précipitèrent ensemble, trop impatients et trop nombreux pour bien frapper.

Они бросились все вместе, слишком рьяные и тесные, чтобы нанести хороший удар.

La vitesse et l'habileté de Buck lui ont permis de rester en tête de l'attaque.

Скорость и мастерство Бака позволили ему опередить атаку.

Il tournait sur ses pattes arrière, claquant et frappant dans toutes les directions.

Он крутанулся на задних лапах, щелкая зубами и нанося удары во все стороны.

Pour les loups, cela donnait l'impression que sa défense ne s'était jamais ouverte ou n'avait jamais faibli.

Волкам показалось, что его защита так и не раскрылась и не дрогнула.

Il s'est retourné et a frappé si vite qu'ils ne pouvaient pas passer derrière lui.

Он повернулся и нанес удар так быстро, что они не успели зайти ему за спину.

Néanmoins, leur nombre l'obligea à céder du terrain et à reculer.

Тем не менее, их численность вынудила его отступить.

Il passa devant la piscine et descendit dans le lit rocheux du ruisseau.

Он прошел мимо бассейна и спустился в каменистое русло ручья.

Là, il se heurta à un talus abrupt de gravier et de terre.

Там он наткнулся на крутой берег из гравия и грязи.

Il s'est retrouvé coincé dans un coin coupé lors des fouilles des mineurs.

Он втиснулся в угол, образовавшийся во время старых шахтерских работ.

Désormais protégé sur trois côtés, Buck ne faisait face qu'au loup de devant.

Теперь, защищенный с трех сторон, Бак столкнулся только с передним волком.

Là, il se tenait à distance, prêt pour la prochaine vague d'assaut.

Там он замер, готовый к следующей волне нападения.

Buck a tenu bon si farouchement que les loups ont reculé.

Бак так яростно оборонялся, что волки отступили.

Au bout d'une demi-heure, ils étaient épuisés et visiblement vaincus.

Через полчаса они были измотаны и явно побеждены.

Leurs langues pendaient, leurs crocs blancs brillaient au clair de lune.

Их языки высунулись, белые клыки блестели в лунном свете.

Certains loups se sont couchés, la tête levée, les oreilles dressées vers Buck.

Некоторые волки легли, подняв головы и навострив уши в сторону Бэка.

D'autres restaient immobiles, vigilants et observant chacun de ses mouvements.

Другие стояли неподвижно, настороженно следя за каждым его движением.

Quelques-uns se sont dirigés vers la piscine et ont bu de l'eau froide.

Несколько человек подошли к бассейну и напились холодной воды.

Puis un loup gris, long et maigre, s'avança doucement.

Затем один длинный, поджарый серый волк осторожно подкрался вперед.

Buck le reconnut : c'était le frère sauvage de tout à l'heure.

Бак узнал его — это был тот самый дикий брат, которого он видел раньше.

Le loup gris gémit doucement, et Buck répondit par un gémissement.

Серый волк тихонько заскулил, и Бак ответил ему скулением.

Ils se touchèrent le nez, tranquillement et sans menace ni peur.

Они соприкоснулись носами, тихо, без угрозы или страха.

Ensuite est arrivé un loup plus âgé, maigre et marqué par de nombreuses batailles.

Затем появился старый волк, изможденный и покрытый шрамами от множества сражений.

Buck commença à grogner, mais s'arrêta et renifla le nez du vieux loup.

Бэк начал рычать, но остановился и понюхал нос старого волка.

Le vieux s'assit, leva le nez et hurla à la lune.

Старый сел, поднял нос и завыл на луну.

Le reste de la meute s'assit et se joignit au long hurlement.

Остальная часть стаи села и присоединилась к продолжительному вою.

Et maintenant, l'appel est venu à Buck, indubitable et fort.

И вот теперь Бак дали зов, несомненный и сильный.

Il s'assit, leva la tête et hurla avec les autres.

Он сел, поднял голову и завыл вместе с остальными.

Lorsque les hurlements ont cessé, Buck est sorti de son abri rocheux.

Когда вой прекратился, Бак вышел из своего каменного убежища.

La meute se referma autour de lui, reniflant à la fois gentiment et avec prudence.

Стая сомкнулась вокруг него, обнюхивая его одновременно и дружелюбно, и настороженно.

Les chefs ont alors poussé un cri et se sont précipités dans la forêt.

Затем лидеры взвизгнули и бросились в лес.

Les autres loups suivirent, hurlant en chœur, sauvages et rapides dans la nuit.

Остальные волки последовали за ними, визжа хором, дикие и быстрые в ночи.

Buck courait avec eux, à côté de son frère sauvage, hurlant en courant.

Бэк бежал вместе с ними, рядом со своим диким братом, воя на бегу.

Ici, l'histoire de Buck fait bien de se terminer.

На этом история Бака, пожалуй, подходит к концу.

Dans les années qui suivirent, les Yeehats remarquèrent d'étranges loups.

В последующие годы Йихаты заметили странных волков.

Certains avaient du brun sur la tête et le museau, du blanc sur la poitrine.

У некоторых голова и морда были коричневого цвета, а грудь — белая.

Mais plus encore, ils craignaient une silhouette fantomatique parmi les loups.

Но еще больше они боялись призрачной фигуры среди волков.

Ils parlaient à voix basse du Chien Fantôme, chef de la meute.

Они шепотом говорили о Псе-Призраке, вожаке стаи.

Ce chien fantôme était plus rusé que le plus audacieux des chasseurs Yeehat.

Этот Призрачный Пёс был хитрее самого смелого охотника на Йихатов.

Le chien fantôme a volé dans les camps en plein hiver et a déchiré leurs pièges.

Призрачная собака воровала из лагерей глубокой зимой и разрывала капканы.

Le chien fantôme a tué leurs chiens et a échappé à leurs flèches sans laisser de trace.

Призрачная собака убила их собак и бесследно избежала их стрел.

Même leurs guerriers les plus courageux craignaient d'affronter cet esprit sauvage.

Даже самые храбрые воины боялись столкнуться с этим диким духом.

Non, l'histoire devient encore plus sombre à mesure que les années passent dans la nature.

Нет, история становится еще мрачнее по мере того, как проходят годы в дикой природе.

Certains chasseurs disparaissent et ne reviennent jamais dans leurs camps éloignés.

Некоторые охотники исчезают и больше не возвращаются в свои далекие лагеря.

D'autres sont retrouvés la gorge arrachée, tués dans la neige.

Других находят убитыми в снегу с разорванными горлами.

Autour de leur corps se trouvent des traces plus grandes que celles que n'importe quel loup pourrait laisser.

Вокруг их тел видны следы — более длинные, чем мог бы оставить волк.

Chaque automne, les Yeehats suivent la piste de l'élan.

Каждую осень Йихаты идут по следу лося.

Mais ils évitent une vallée avec la peur profondément gravée dans leur cœur.

Но они избегают одной долины, поскольку страх глубоко укоренился в их сердцах.

Ils disent que la vallée a été choisie par l'Esprit du Mal pour y vivre.

Говорят, что эту долину выбрал для своего жилища Злой Дух.

Et quand l'histoire est racontée, certaines femmes pleurent près du feu.

И когда эта история рассказана, некоторые женщины плачут у огня.

Mais en été, un visiteur vient dans cette vallée tranquille et sacrée.

Но летом в эту тихую священную долину приезжает один посетитель.

Les Yeehats ne le connaissent pas et ne peuvent pas le comprendre.

Йихаты не знают о нем и не могут понять.

Le loup est un grand loup, revêtu de gloire, comme aucun autre de son espèce.

Волк — великий, окутанный славой, не похожий ни на одного другого из его вида.

Lui seul traverse le bois vert et entre dans la clairière de la forêt.

Он один выходит из зеленого леса и выходит на лесную поляну.

Là, la poussière dorée des sacs en peau d'élan s'infiltre dans le sol.

Там золотая пыль из мешков из лосиной шкуры просачивается в почву.

L'herbe et les vieilles feuilles ont caché le jaune du soleil.

Трава и старые листья скрыли желтый цвет от солнца.

Ici, le loup se tient en silence, réfléchissant et se souvenant.

Здесь волк стоит молча, размышляя и вспоминая.

Il hurle une fois, longuement et tristement, avant de se retourner pour partir.

Он воет один раз — долго и скорбно — прежде чем повернуться и уйти.

Mais il n'est pas toujours seul au pays du froid et de la neige.

Однако он не всегда одинок в стране холода и снега.

Quand les longues nuits d'hiver descendent sur les basses vallées.

Когда на нижние долины опускаются длинные зимние ночи.

Quand les loups suivent le gibier à travers le clair de lune et le gel.

Когда волки преследуют дичь сквозь лунный свет и мороз.

Puis il court en tête du peloton, sautant haut et sauvagement.

Затем он бежит во главе стаи, высоко и дико прыгая.

Sa silhouette domine les autres, sa gorge est animée par le chant.

Его фигура возвышается над остальными, его горло наполнено песней.

C'est le chant du monde plus jeune, la voix de la meute.

Это песня молодого мира, голос стаи.

Il chante en courant, fort, libre et toujours sauvage.

Он поет на бегу — сильный, свободный и вечно дикий.

www.ingramcontent.com/pod-product-compliance
Lightning Source LLC
Chambersburg PA
CBHW011727020426
42333CB00024B/2766